Karl Franz Otto Dziatzko

Beiträge zur Gutenbergfrage

Karl Franz Otto Dziatzko
Beiträge zur Gutenbergfrage
ISBN/EAN: 9783743613225

Hergestellt in Europa, USA, Kanada, Australien, Japan

Cover: Foto ©ninafisch / pixelio.de

Manufactured and distributed by brebook publishing software (www.brebook.com)

Karl Franz Otto Dziatzko

Beiträge zur Gutenbergfrage

SAMMLUNG

BIBLIOTHEKSWISSENSCHAFTLICHER ARBEITEN

HERAUSGEGEBEN

VON

KARL DZIATZKO,

O. Ö. PROFESSOR DER BIBLIOTHEKSHÜLFSWISSENSCHAFTEN UND OBERBIBLIOTHEKAR
DER UNIVERSITÄT GÖTTINGEN.

II. HEFT.

KARL DZIATZKO: BEITRÄGE ZUR GUTENBERGFRAGE. MIT EINEM LICHT-DRUCK-FACSIMILE DES HELMASPERGER'SCHEN NOTARIATSINSTRUMENTES VOM 6. NOVEMBER 1455 NACH DEM ORIGINAL DER K. UNIVERSITÄTS-BIBLIOTHEK ZU GÖTTINGEN.

BERLIN.
VERLAG VON A. ASHER & Co.
1889.

BEITRÄGE

ZUR

GUTENBERGFRAGE

VON

KARL DZIATZKO.

MIT EINEM LICHTDRUCK-FACSIMILE DES
HELMASPERGER'SCHEN NOTARIATSINSTRUMENTES VOM 6. NOVEMBER 1455
NACH DEM ORIGINAL DER K. UNIVERSITÄTS-BIBLIOTHEK
ZU GÖTTINGEN.

BERLIN.
VERLAG VON A. ASHER & Co.
1889.

SEINEM VEREHRTEN FREUNDE

DEM GEH. REGIERUNGSRATH UND PROFESSOR

DR. MARTIN HERTZ
IN BRESLAU

NACHTRÄGLICH ZUR 70. GEBURTSTAGSFEIER.

Vorrede.

Drei Punkte sind es, welche für die Untersuchung und Entscheidung der Streitfrage nach dem Erfinder der Buchdruckerkunst hauptsächlich in Betracht kommen: die Prüfung und Beurtheilung der Thätigkeit Gutenbergs in Mainz; die Erforschung und Würdigung dessen, was er vorher in Strassburg betrieb; drittens endlich in Bezug auf die holländischen Ansprüche eine eingehende und sorgfältige Vergleichung der frühesten Mainzer Drucke, welche dies sicher oder wahrscheinlich sind, mit den andern alten Typen- oder Tafeldrucken und Blockbüchern, um so, wenn möglich, ihre Zeitfolge und örtliche Zugehörigkeit festzustellen. Zu der ersten dieser Vorfragen soll das nachfolgende Heft einige Beiträge bringen.

Göttingen, den 7. April 1889.

Karl Dziatzko.

I. KAPITEL.

Das Helmasperger'sche Notariatsinstrument vom 6. November 1455.

(Mit einem Facsimile.)

Eine der wichtigsten Urkunden, welche die Frage nach dem Erfinder der Buchdruckerkunst betreffen, wenn nicht die allerwichtigste unter den bisher darüber bekannt gewordenen, ist das sogenannte Helmasperger'sche Notariatsinstrument vom 6. November 1455. Es enthält ein notarielles Protokoll über die Eidesleistung, welcher Johann Fust in dem Prozess, den er gegen Johann Gutenberg auf Rückzahlung eines an ihn geliehenen Kapitals mit Zins und Zinseszins angestrengt hatte, infolge richterlichen Erkenntnisses über die Höhe seiner Forderungen sich unterzog. Ob damit das letzte Wort in dieser Rechtssache gesprochen war, ist nicht entschieden. Jedenfalls gewährt uns das Schriftstück einen höchst interessanten Einblick in das Verhältniss der beiden genannten Männer nicht nur zur Zeit ihrer Trennung — denn im Jahre 1457 waren sie unzweifelhaft nicht mehr verbunden —, sondern besonders auch während der fünf bis sechs vorausgehenden Jahre. Die Urkunde wurde zuerst vollständig und dem Wortlaute nach veröffentlicht von Heinr. Christ. Senckenberg, *Sel. iur. et hist. Tom. I (Francof. ad M. 1734)* S. 269 ff. (*'Ex Orig.'*). Es ist die 37. Nummer in dem *'Manipulus documentorum, res Franco-*

furtenses et viciniam illustrantium', von welchem Senckenberg in der Vorrede S. 45—48 handelt; insbesondere bezeugt er S. 48 von dieser Nummer, dass in ihr ärgerliche Druckfehler vorkommen. Aus Senckenberg a. O. wiederholte den Text Christian Gottlieb Schwarz in *Primaria quaed. documenta de orig. typogr. p. I (disqu. acad. subj.* Bened. Guil. Munch) Altdorf 1740 S. 5 ff.; den Wolfschen Text [s. weiter unten] kannte er bereits. Daneben gab es eine Abschrift, welche der Verfasser des handschriftlichen ,Discurs*es* vom Ursprung der Truckerey, Wer, auch Wann, und an welchem Ort solche erstmahls erfunden, aus denen ad familiam der *Fausten von Aschaffenburg* gehörigen documenten' dieser Abhandlung einverleibt hat[1]). Von einer Abschrift zweiter Hand dieses Discurs*es* hat Joh. Christian Wolf von Hamburg durch Ludwig Klefeker eine lateinische Uebersetzung anfertigen lassen und in seinen *Monumenta typographica I* (Hamburg 1740) S. 452—485 veröffentlicht (vergl. S. 452 Anm. a). Die notarielle Urkunde ist daselbst S. 472 ff., und zwar nicht in Uebersetzung wiedergegeben[2]).

[1]) Der nicht genannte Verfasser des Discurses, dessen Abfassung zwischen 1620 und 1631 fallen muss, war sicher ein Sohn des älteren Joh. Friedr. Faust v. Aschaffenburg, des angesehenen Juristen und Historikers aus Frankfurt a. M. (vergl. Wolf a. O. S. 452 Anm. a). Wahrscheinlich aber war es nicht der jüngere Joh. Friedr. F. v. Asch., welcher allgemein dafür gilt, der aber in eine spätere Zeit gehört, sondern Maximilian F. v. Asch. († 1651), der Verfasser der *Consilia pro aerario* (Frankfurt 1641). Dieser war nach Ach. Aug. v. Lersner's Contin. Chron. d. Stadt Franckfurth a. M. (Frankfurt 1734) II. Th. S. 221 ein Sohn jenes Johann Friedrich († 1621. Jul. 14 nach Lersner S. 218) und nimmt in den *Cons. pro aer.* S. 695 jedenfalls in Bezug auf den Erfinder der Buchdruckerkunst den gleichen auffälligen Standpunkt ein wie der Verfasser des Discurses. Vergl. auch J. H. Hessels, *Gutenberg: Was he the Inventor of Printing?* London 1882 S. 81 u. s. Nach einer von Hessels S. 93 Anm. beigebrachten Notiz vom Jahre 1725 unternahm auch Maximilian F. die Ordnung der hinterlassenen Collectaneen seines Vaters.

[2]) Joh. Dav. Köhler, Ehrenrettung [s. später] S. 89—92 und darnach J. Wetter, Krit. Gesch. d. Erfind. d. Buchdr. (Mainz 1836) S. 271—276 drucken einen Theil des Discurses im deutschen Originaltext

Zugleich berichtet Wolf S. 471 Anm. a, dass er noch eine andere, von Joh. Ernst v. Glauburg im Jahre 1712 angefertigte Abschrift habe benutzen können, die ihrerseits auf eine Kopie der Urkunde zurückgeht, welche Joh. Friedr. Faust der Aeltere um 1600 ‚von dem damahlen bei der Familie annoch vorhanden gewesenen original abgeschrieben''). Von ihr sowie von der Senckenbergischen Ausgabe fügt Wolf zahlreiche Varianten seinem Abdrucke bei. Beide von Wolf benutzte Abschriften und noch eine dritte sind jetzt in der Hamburger Stadtbibliothek (s. Hessels a. O. S. 75 f. und 98 f.). Ferner theilt mir Herr Stadtarchivar Dr. R. Jung zu Frankfurt a. M., dem ich auch die Auskunft über den Aufbewahrungsort der Zum Jungen'schen Abschrift des Discurses verdanke (s. S. 2 Anm. 2), freundlichst mit, dass im dortigen Stadtarchiv I. Abth. sich eine Abschrift der Urkunde von 1455 auch in einer *Uffenbach 31* bezeichneten Handschrift (S. 172) befindet.

Wie aus dem Angeführten erhellt, lagen Wolf nur Abschriften der Urkunde vor²), in welchen zudem ‚die Schreibart gantz verändert und nach neuerer Zeit eingerichtet war' (s. Köhler a. O.

---

ab, aber ohne das ‚copeylich beygesetzte Instrument'. Köhlers Quelle war ein Manuscript des Joh. Maxim. Zum Jungen († 1649), auf welches auch die von Wolf veranlasste Uebersetzung zurückgeht (s. Wolf a. O. S. 452 Anm. a). Früher in der Stadtbibliothek, befindet es sich jetzt im Stadtarchiv I. Abtheilung zu Frankfurt a. M. (MS. Glauburg de 1833 Nr. 55); eine für Zach. Conr. v. Uffenbach († 1734) gemachte Abschrift ist in der Hamburger Stadtbibliothek. Ein Auszug ferner aus dem Discurs, gleichfalls mit beigefügter Abschrift des Instrumentes, ist in der Frankfurter Stadtbibliothek (s. Hessels a. O. S. 91. 99 f.). Hessels gebührt das Verdienst, dies alles durch unermüdliche Nachforschungen festgestellt zu haben.

¹) Vergl. auch *Conspectus supell. epist. et liter. ... op. Jo. Christ. Wolfium ...* (Hamburg 1736) S. 278 f. und 284 ff.

²) Wenn es bei Wolf a. O. S. 471 Anm. * heisst, das Dokument sei ‚*ex Originali de verbo ad verbum sumtum*', so sind das nach dem Zusammenhang offenbar Worte des Uebersetzers Klefeker, welche besagen, dass er jenes nicht wie den übrigen Discurs ins Latein übertragen, sondern seine Vorlage wörtlich wiedergegeben habe. Diese war aber nur eine Abschrift.

S. 57). Dass Senckenberg das Original benutzte, wie er angiebt, haben wir keinen Grund zu bezweifeln. Ungewiss ist, ob es dasselbe war, aus welchem die Wolf'schen Abschriften stammen, das nach Joh. Ernst von Glauburgs Notiz bei Wolf a. O. um 1600 bei der Familie noch vorhanden war[1]). Joh. Friedr. Faust von Aschaffenburg der Aeltere hatte damals die Urkunde wohl zu dem Zwecke abgeschrieben, um sie für eine seiner Schriften zu verwerthen, vermuthlich für die handschriftliche Geschichte seiner Familie, aus welcher Lersner a. O. einiges mittheilt[2]).

Auf die gleiche Quelle, nämlich den bezeichneten Discurs, gehen auch die dem Wolf'schen Abdruck vorausgehenden Erwähnungen des Helmasperger'schen Instrumentes zurück. Die früheste steht in Heinr. Salmuth's Appendix (*De Typographiae sive Artis Impressoriae inventione verissima historia*) zu Guid. Pancirolli *Rer. memor. p. II* (Frankfurt 1631) S. 312; eine spätere bei Phil. Ludw. Authaeus, Warhafftige Historia von Erfindung der Buchdruckerey Kunst (A. 1681 *typis Blasii Ilsneri*), welches Schriftchen bei Lersner a. O. (Gebh. Florians Chron.) S. 435 ff. abgedruckt

---

[1]) Man denkt natürlich ohne weiteres an die Familie der Fauste von Aschaffenburg (so auch Hessels a. O. S. 102), welche damals in Frankfurt a. M. ansässig und nach ihrer Aussage durch einen Vorfahren mit Johann Fust von Mainz nahe verwandt war. Eine sehr entfernte Möglichkeit, der ich nicht den Vorzug geben mag, wäre, dass die Familie des bei Wolf a. O. kurz vorher gleichfalls erwähnten ‚Johann Guttenbergk, des Geschlechts derer zum Jungen' gemeint ist. Achil. Aug. v. Lersner nämlich beruft sich in seiner Ausgabe der Gebh. Florian'schen Chron. d. Stadt Franckfurt a. M. (1706) S. 437 für die Ansprüche Gutenbergs, ‚welcher ... noch im Jahr 1455. gelebt', auch auf das Zeugniss der ‚*MS.* der alten Adlichen *Familia* der Zumjungen usw'. Es muss also damals noch in deren Besitz solche Handschriften gegeben haben, die in der Gutenbergfrage von Wichtigkeit waren. Anderseits erklärt in der gleichen Sache Maxim. Faust v. Aschaffenburg, *Cons. pro aer.* S. 695, dass er die Faustischen *documenta originalia* in Händen habe.

[2]) Dass derselbe Joh. Friedr. Faust Sammlungen zur Geschichte der Erfindung der Buchdruckerkunst anlegte, erfahren wir von dem Verfasser des Discurses (Wolf a. O. S. 466).

ist (s. S. 436). Joh. Arn. Bergellanus in *De chalcographiae inventione poëma encomiasticum*, welches Gedicht bereits 1541 erschien und wiederholt abgedruckt ist (z. B. bei Wolf a. O. I S. 1 ff.; auszugsweise bei Köhler a. O. S. 50 ff.), kennt V. 245 ff. offenbar den Vertrag und späteren Prozess zwischen Gutenberg und Fust, nicht aber nothwendig auch gerade jenes Instrument, sondern ihm können in Mainz noch Nachrichten aus dortigen Druckereien, z. B. der des Ivo Schoeffer, zu Gebote gestanden haben.

Wie anscheinend Senckenberg für sein 1734 herausgegebenes Werk so ist es Joh. Dav. Köhler gelungen, für das 1741 von ihm veröffentlichte Buch ‚Hochverdiente und aus bewährten Urkunden wohlbeglaubte Ehren-Rettung Johann Guttenbergs' (Leipzig) ein Original des Notariatsinstrumentes zur Benutzung zu erhalten. S. 54—57 wird der Text aus dem vor ihm liegenden *Original* auf Pergament, gantz *accurat*, ohne einen *apicem literarum* vorbey zu lassen . . . mitgetheilet' (S. 23) und S. 21—36 erläutert. Auch S. 58 spricht er davon, dass ihm ‚ein auf Pergament *in forma patente* geschriebenes *authenti*sches Exemplar davon zu handen kommen ist, an dessen Richtigkeit destoweniger zu zweifeln, dieweil ausdrücklich darinne *linea 66.* Johann Faust von dem *Notario* Ulrich Helmasperger begehrt ein oder mehr offen *Instrument*, so viel und dick ihm dieses nöthig seyn würde, auszufertigen.'

Woher er das Original hatte, gibt Köhler nicht an. Hessels (a. O. S. 63 Anm. und 79 Anm.) hat es aber ermittelt aus den im Darmstädter Archiv aufbewahrten Briefen des Joh. Dav. Köhler an Joh. Ernst von Glauburg zu Nieder-Erlenbach (vergl. auch Köhler a. O. Vorr. S. 2 f.). Ant. v. d. Linde hat später dieselben Archivalien benutzt und gibt (Gesch. d. Erfind. d. Buchdruckk., Berlin 1886 S. 35 ff.) Auszüge aus ihnen, soweit sie auf Gutenberg-Urkunden und das Helmasperger'sche Instrument Bezug haben. Nach einem Briefe vom 7. Jan. 1728 (v. d. Linde S. 38) hat Köhler das Original-Instrument in dem Gutenbergisch-Faustischen Prozess von einem Vetter des Herrn von Glauburg aus Frankfurt erhalten; am 14. April 1727 schrieb er, dass er ‚umb eine accurate orthographische Copie von dem Original des Faustischen Instruments bereits demüthige Ansuchung gethan habe' (bei v. d. Linde S. 37), vermuthlich bei eben jenem Vetter des Herrn von Glauburg, der ihm in der Folge statt einer Kopie das Original selbst mittheilte[1]). J. E. v. Glauburg persönlich war also ohne Zweifel nicht im Besitz eines Originals. Dieser Umstand erklärt sowohl die Thatsache, dass er die Urkunde im Jahre 1712 nach einer Abschrift Joh. Friedr. Faustens kopirte (vergl. Wolf S. 472), als er auch die Möglichkeit offen lässt, dass Senckenbergs Original von dem Köhlers nicht verschieden war. Aus der Art nämlich, wie v. Senckenberg Vorr. S. 40 ff. für den Inhalt seines I. und II. Abschnittes die grossen Verdienste Joh. Ernst von Glauburgs preist, gleich darauf aber (S. 45 ff.) bei Besprechung des III. Abschnittes, welcher u. A. jenes Dokument enthält, der Name v. Glauburgs gar nicht erwähnt wird, dürfen wir wohl mit Recht folgern, dass er dieses eben nicht demselben v. Glauburg zu verdanken hatte; wohl aber weist der Zusammenhang mit Frankfurter Urkunden, in dem die Veröffentlichung erfolgte, am ehesten auf eine Frankfurter Quelle hin. Es kann also derselbe Frankfurter Vetter v. Glauburgs, welcher 1727/28 Köhler das Original mitgetheilt hat, vorher es Senckenberg zur Anfertigung einer Kopie überlassen haben[2]). Dass ihre Veröffent-

---

[1]) Vielleicht ist es der „*Dn. Jo. Adolph à Glauburg* im pfulhof', welcher im J. 1713 dem Z. C. v. Uffenbach gestattete, Abschrift zu nehmen von den *Excerpta de reb. eccles. Francof.* etc., die in seinem Besitz waren (s. E. Kelchner, Die v. Uffenbach'schen Manuscr. a. d. Stadtbibl. zu Frankfurt a. M. 1860 S. 5).

[2]) Allerdings war Heinr. Christian v. Senckenberg (geb. 1704) im J. 1727 noch sehr jung, aber er war schon 1724 als Schriftsteller aufgetreten und gewiss früh mit umfassenden litterarischen Plänen beschäftigt. Anderseits ist auch sehr wohl möglich, dass Köhler das geliehene Original zunächst bald kopirte und zurückgab, später aber wieder in den Besitz desselben gelangte. Dann hätte in der Zwischenzeit Senckenberg Gelegenheit gehabt, das Original für seinen Abdruck zu benutzen.

lichung erst wesentlich später erfolgte, hat bei v. Senckenberg so wenig Auffälliges wie bei Köhler¹).

Seit Köhler hat jedenfalls ein Original der Urkunde keinem Schriftsteller über diesen Gegenstand mehr vorgelegen; das von Köhler benutzte Original war und blieb gleich den sonst noch etwa vorhanden gewesenen verschollen²). Ant. v. d. Linde. Gesch. d. Erf. S. 847 Anm. 1 z. E., vermuthet, ersteres werde wohl noch in Frankfurt vorhanden sein. Hessels, welcher der Geschichte dieses Dokuments einen ausführlichen und lehrreichen Abschnitt widmet (a. O. S. 63—102), hat vergeblich verschiedene Bibliotheken Deutschlands darnach durchforscht (s. besonders a. O. S. 63 Anm.). Dieser vermeintliche Mangel in der äusseren Beglaubigung der Urkunde hat trotz ihrer mehrseitigen unanfechtbaren Ueberlieferung auch noch in neuester Zeit zu Bedenken hinsichtlich der Echtheit des Dokumentes geführt. Hessels zwar, der gerüstetste und zäheste

---

¹) Da noch im Jahre 1712 J. E. v. Glauburg offenbar ein Original des Dokumentes nicht zu Gebote stand, im Jahre 1727 aber ein solches im Besitze eines Vetters von ihm ist, liegt die Annahme nahe, dass dieser erst in der Zwischenzeit dasselbe erworben habe, und zwar vielleicht aus der Hinterlassenschaft des Georg Friedrich Faust von Aschaffenburg, mit dem diese Familie im Jahre 1724 in der nämlichen Stadt ausstarb (nach v. d. Linde, Gesch. d. Erf. S. 31). Es würden auf diese Weise neben der Identität der beiden von Senckenberg und Köhler benutzten Originale auch alle bekannt gewordenen Abschriften auf das gleiche Original sich zurückführen lassen.

²) Zumeist auf Köhlers Ausgabe beruhen die späteren Ausgaben und Uebersetzungen der Urkunde: (P. S.) Fournier Le Jeune, *De l'orig. et des product. de l'impr. primit. en taille de bois* (*Paris 1759*) S. 116—124 [französ.]; W. H. J. van Westreenen, *Verhand. ov. d. uitv. d. boekdr.* (*'s Hage 1809*) S. 102—108; J. Wetter a. O. S. 284—290; Will. Young Ottley, *An inquiry conc. the invent. of print.* (*London 1863*) S. 43—47 [engl. nach Fourniers französ. Uebersetzung]; Giov. Praloran, *Delle orig. e. d. prim. d. stampa tipogr.* (*Milano 1868*) S. 53—56 [frei ital.]; A. v. d. Linde, *De Haarlemsche Costerlegende.* 2. uitg. (*'s Gravenhage 1870*) S. 43—46 [holländ.]; A. v. d. Linde, Gutenberg (Stuttgart 1878) Urk. S. XXVIII—XXXI; K. Faulmann, Illustr. Gesch. d. Buchdr. (Wien ... 1882) S. 79—83; A. v. d. Linde, Gesch. d. Erf. d. Buchdr. (Berlin 1886) S. 847—850.

Gegner Gutenbergs, erklärt a. O. S. 63, dass der Köhler'sche Brief (s. oben) alle Zweifel über die Quelle seines Textes schwinden lasse „*at least for the present*'. Mit diesem Zugeständniss stimmt aber nicht ganz die vorsichtige Art, mit der er S. 189 und Vorr. S. XI sowie in seinem neuesten Buche, *Haarlem the birth-place of printing, not Mentz (London 1887)* S. 59 ff. von der Urkunde spricht. Jedenfalls hat, um alle früheren Verdächtigungen bei Seite zu lassen, K. Faulmann a. O. S. 83 ff. ausführlich die Echtheit in Abrede gestellt, leider aber auch Friedr. Kapp in seiner Geschichte des Deutschen Buchhandels bis in das 17. Jahrhundert (Leipzig 1886) S. 47 sich mit unkritischer Aengstlichkeit über die Echtheit ausgesprochen. William Blades ferner in einem nichts weniger als objektiven Vortrag[1], den er über den gegenwärtigen Stand der Frage nach dem Erfinder des Druckens zu Birmingham vor der *Library Association of the U. K.* im September 1887 hielt (s. Library Chronicle IV 1887 S. 135 ff.), theilt S. 139 in diesem Punkte wie in allem Uebrigen Hessels' Standpunkt, gebraucht aber doch einen Ausdruck (*little doubt*), welcher wenigstens die Möglichkeit eines Zweifels offen lässt. Mit voller Entschiedenheit endlich sucht C. Castellani in der *Rivista d. bibliot.* 1888 S. 70 Anm. 2 die Echtheit des Instrumentes zu widerlegen.

---

[1] Mangel an Objektivität verräth z. B. die Art, wie W. Blades S. 139 die Echtheit der Akten aus dem Prozesse Dritzehn-Gutenberg verdächtigt: *Schoepflin, who forged two or three other documents* [von Schoepflin hatte das bisher noch Niemand auch nur behauptet] .... *Dr. Dibdin who, about 1820, saw one of the three volumes which contained them, doubted their genuineness* [Dibdin erklärt vielmehr nur, dass nach seiner Ansicht die Schrift der Aktenstücke dem 16. Jahrhundert, etwa dem Anfang desselben, angehöre und dass jene Akten Kopien der Originale seien]. Ist aber die Echtheit der Zeugenaussagen unanfechtbar, so ist es auch das Urtheil des Senates. Denn mit Wundern hätte es zugehen müssen, wenn 1740 der Urtheilspruch gefälscht worden wäre, welcher 5 Jahre später durch die von anderen Personen gefundenen schriftlichen Zeugenaussagen in allen Punkten bestätigt worden ist.

Unter diesen Umständen wird die Nachricht, dass das Köhler'sche Original erhalten ist und sich seit 1741 in der Universitäts-Bibliothek zu Göttingen befindet (Cod. MS. hist. litt. 123), von Interesse und ein genauer Abdruck, dessen Kontrolle überdies durch eine Wiedergabe in Lichtdruck (s. die Tafel) ermöglicht wird, Vielen erwünscht sein. Man wird in Zukunft nun wieder diese Urkunde ohne Bedenken als einen Eck- und Grundstein der Ansprüche Gutenbergs benutzen dürfen[1]). Uebrigens erweist sich der Köhler'sche Abdruck in allen wesentlichen Punkten als zuverlässig; wichtige Ausnahmen wie Z. 62 *nit* (Köhler: *mit*) sind sehr selten. Die häufigen Abweichungen von seinem Texte betreffen fast nur Orthographica.

Die Urkunde liegt gefaltet in einem eigens dafür hergestellten Blechkästchen, in dessen Deckel in der Mitte die von A. v. d. Linde, Gutenb. S. 460 beschriebene Denkmünze auf Gutenberg eingelassen ist, welche Köhler selbst zum Jubiläum des Jahres 1740 entworfen haben soll[2]). In dem Kästchen befindet sich bei der Urkunde ein zusammengelegter Bogen Papier mit folgender offenbar der Bibliotheksverwaltung entstammender gleichzeitigen Eintragung: *Hoc monumentum archetypum, vnde de familia Jo. Guttenbergii, et inuentae ab eo typographiae originibus, optime constare potest, Bibliothecae Academicae ad omnem posteritatem asseruandum tradidit Vir Cel*mus *et multis aliis nominibus huic Academiae carus,* JO. DAVID KOEHLER *Hist. P. P. O. a. d. XI Aprilis A. R. G. CIƆIƆCCXXXXI qui illud accuratissime descriptum publicauit in libro* 𝕰𝖍𝖗𝖊𝖓𝖗𝖊𝖙𝖙𝖚𝖓𝖌 𝕵𝖔. 𝕲𝖚𝖙𝖙𝖊𝖓𝖇𝖊𝖗𝖌𝖘 *etc.*

---

[1]) Meine Göttinger Fachkollegen, denen ich die Urkunde zeigte, erklärten sämmtlich, dass dieselbe in Bezug auf Schrift, Ausstattung usw. zu keinerlei Bedenken Anlass gebe.

[2]) Der Abdruck bei v. d. Linde ist nicht völlig genau; vergl. Friedr. Wilh. Ruland, Gutenberg-Album. Mainz 1868. 2. Aufl. Denkmünze No. 26.

Leipzig 1741. 4*to*. *et quidem p. 54—57.* Joh. Dav. Köhler also, welcher der Göttinger Universität von 1737 bis zu seinem Tode (1755) als Professor der Geschichte angehörte, hat die kostbare Urkunde der Universitätsbibliothek überwiesen, gleich nachdem er sie für seine Ehrenrettung Gutenbergs benutzt hatte. Nach meinem Amtsantritt (Herbst 1886) fand ich sie in dem alten Cimelienschranke vor; andere Arbeiten hinderten mich an einer früheren Mittheilung über dieselbe. Aus den Akten und Geschäftsbüchern der Bibliothek habe ich nichts weiter über dieses Geschenk ermitteln können, namentlich auch nicht, wie Köhler in den dauernden Besitz der Urkunde gelangte. Vielleicht schenkte der Frankfurter Eigenthümer sie ihm zur Anerkennung für seine erfolgreichen Forschungen in der Gutenberg-Frage, oder Köhler wusste nach dem Tode des Eigenthümers, als dessen Bibliothek etwa zum Verkauf kam, das werthvolle Stück glücklich an sich zu bringen.

Die Urkunde ist auf der Vorderseite (der helleren) eines Pergamentblattes von reichlich 42 Cent. Höhe und 28,5 Cent. Breite in einer Kolumne von 21,7 Cent. Länge geschrieben. Die oberste Zeile steht etwa 2,4 Cent. vom Rande ab; unten bleibt die Schrift etwa 8,5 Cent. vom Rande entfernt; das Notariatszeichen reicht etwas tiefer[1]). Die Ecken links oben und unten sind nachträglich durch Beschneiden abgerundet und dadurch ist die Initiale (I) oben stark beschädigt worden, das folgende n ging dabei fast ganz verloren. Sonst ist das Blatt sehr gut erhalten und die Schrift vollkommen leserlich. Zweifelhaft kann es nur zuweilen sein, ob etwa das Interpunktionszeichen /, welches ebenso wie die Bindestriche am Ende der Zeilen schwach geschrieben wurde, durch die Zeit ganz erloschen ist. Gesetzt ist es im Anfang des Textes einigemale sicher; später kommt es gar nicht mehr zur Verwendung, ausser

---

[1]) Der leere untere Rand ist in der Lichtdrucktafel nur zum Theil wiedergegeben.

in der von anderer Hand herrührenden Unterschrift. Zweifel erregte beim Abdruck zuweilen auch der Gebrauch grosser oder kleiner Anfangsbuchstaben, da diese mehrfach nicht durch die Form, sondern nur durch die Grösse sich unterscheiden, die Grösseverschiedenheit aber oft eine verschwindend kleine oder auch in Fällen, wo man sie erwartet, gar nicht vorhanden ist. Konsequenz darf man also nach dieser Seite hin in der Urkunde nicht voraussetzen. Auch die Unterscheidung von s und cz gibt manchmal zu Zweifeln Anlass. — Eine neuere Hand hat im ersten Viertel des Schriftstücks, nämlich in Z. 2. 6. 7. 8. 14. 15. 17. wichtige Wörter oder Theile von solchen roth unterstrichen, z. Th. doppelt, was ich im Folgenden nicht mehr besonders bemerke, da das Facsimile ja den Umfang der Unterstreichungen ausweist. Spuren der rothen Dinte sind auch sonst in verschiedenen Flecken auf Zeile 19 f. 24. 25. 39 a. E. 41 a. E. zu sehen, was ich erwähne, damit nicht Jemand nach der facsimilirten Wiedergabe mehr dahinter vermuthe. Auf Zeile 27. 38. 41 finden sich ebenso kleinere schwarze Flecke.

Abkürzungen des Textes habe ich aufgelöst, jedoch mit kursiver Schrift. Die Initiale I, welche vor dem Zeilenanfang steht und deren unteres Ende bis an die 30. Zeile herabreicht, war ebenso wenig wie die Initiale der Unterschrift in ihrer Grösse wiederzugeben. Im Anfang sowie Z. 22. 59 sind einige Wörter der Urkunde durch starke Schrift hervorgehoben, ebenso von mir im folgenden Abdruck durch Sperrsatz.

[Notarielles Protokoll vom 6. November 1455 über die Eidesleistung des Johann Fust von Mainz in seiner Klagesache wider Johann Gutenberg.]

J[n] **gottes namen amen** Kunt fy allen den die dieß offen Inftrument fehent oder horent lefen **Das** des Jars als man

₂ zalt || nach xpi vnsers hern geburt dusent vierhundert
vnd funffvndfunffzigk Jar In der dritten Indictien uff
₃ dornstag der do was ; der feste dag des mondes zu latin
genant nouember Cronung des allerheiligsten in gott vater
₄ vnd hern vnsers hern Calisti von gotlicher || vorsichtikeit des
dritten babstes in dem ersten Jar zuschen eilffen vnd zwelff
₅ uwern in mittemdage zu mencz zu den barfus—||sen in
dem großen resender In myn offenbar schriber vnd der
gezugen hernach benent gegenwertikeit personlich ist
₆ gestanden |* der Ersam vnd vorsichtig man Jacob fust
burger zu mencz vnd von wegen Johannis fust sines bruders
₇ auch do selbst gegen—'wertigk hat vorgeleget gesprochen
vnd offenbart ; wie zuschem dem iggenant Johan fust snem
₈ bruder uff ein vnd Johan guten—'berg uff die ander partby
dem iggenanten Johann guttenberg zu sehen vnd zu horen
₉ solchen eydt dem genanten Johann fust || nach lude vnd
inhalt des rechtspruchs zwischen beden partbyen gescheen
₁₀ bescheiden vnd offgesaczt durch den selben Johan fust | thun
ein entlicher tag uff hude zu dieser stunde In die couent
stuben do selbst geseczt gestempt vnd benent sy Vnd off
₁₁ daz die brüder deß iggenanten closters noch in der couent
stuben versamelt nit bekummert nach beswert werden / ließ
₁₂ der genant ; Jacob fust durch sin boden in der egemelten
stuben erfragen / ob Johann gudenberg oder ymant von

Anmerkungen. ₂ Der Schnörkel a. E. von Jar hat wohl keine
weitere Bedeutung (vergl. Z. 3 nouember. Z. 56 offenbar; ähnlich Z. 4
Jar; anders Z. 14 Cristofori) ; ₃ tlic in gotlicher von 2. Hand auf
Rasur | ₄ eilffen m. Corr. am I (oder ursprünglich ellffen?) || ₆ Ueber die
Form fust s. S. 20 Anm. 1 || ₈ Johann aus Joham (fust) | ₁₀ thun hängt
ab von zu sehen vnd zu horen (Z. 8) ' das zweite e in benent könnte
auch a oder o sein |, ₁₂ t in matz ist Dehnungszeichen; vergl. hatt Z. 23.

— 13 —

sint wegen in dem closter | in obgerurter maiß wer daz er
sich zu den sachen schicken well Noch solcher schickung vnd
fragung qwamen in den gemelten refender der ersame her
henrich Guntheri etwan pffarrer zu sant cristofori czu
Mencz heinrich keffer vnd Bechtolff | von hanauwe diner
vnd knecht deß genanten Johann guttenberg Vnd nachdem
sie durch den genanten Johann fuste gefreget | vnd be-
sprochen worden waz sie do reden vnd war vmb sie do
wern Ob sie auch in den sachen macht hetten von johan
gutten— bergs wegen Antwerten sie gemeinlich vnd in
sunderheit sie weren bescheiden von Irm Junchern Johann
guttenberg zu horen vnd zu sehen was in den sachen
gescheen wurd / Dar noch Johann fust verbottet vnd be-
zuget daz er dem tag genungk thun | welt noch dem er
offgenummen vnd gesatzt wer / vnd er auch sins widderdeyls
Johann gutenbergs vor zwelff uwern ge—|warter het vnd
noch warter der sich dan selbes zu den sachen nit gefuget
hett Vnd beweyß sich do bereit vnd wolfertigk , dem rechtspruch vber den ersten artickel siner ansprach gescheen noch
inhalt des selben gnung zu thun / den er von wort zu
wort alßo ließ lesen mitsampt der clage vnd entwerr vnd
luder alsus Vnd als dan Johan fust dem obgenanten
Johan gutenberg zu gesprochen hait Zum ersten als in
dem zettel irs vberkummes begriffen sy das er Johan
gutenberg achthundert | gulden an golde vngeuerlich ver-
legen domit er das werck volnbrengen solt vnd ob das

30. 48. 49. 50; ham Z. 37. 61; gethain Z. 49; noit Z. 66 | 14 die Schlinge
a. E. von cristofor bedeutet wohl i | 15 der Strich über Johan ist sehr
verblasst | ob u oder ů (in fuste) ist unsicher 24 vngeuerlich = getreulich
und ohne Gefährde | domit = mit diesem (Gelde) | nennt (mit Schluss-n)
in d. Urk. verbunden, um gegen Ende der Zeile Raum zu sparen

²⁵ me oder mynner kost ging yen nit an Vnd das Johann
guttenberg ym von den selben achthundert gulden seß
²⁶ gulden von yedem hundert zu solde geben soll Nu hab er
ym solch achthundert gulden uff gülte ußgenummen vnd
ym die geben dar an er doch kein gnungen sundert sich
²⁷ beklaget das er der achthundert gulden noch nit habe
Also hab er ym ye wellen ein gnungen thun vnd hab ym
²⁸ ober die selben acht hundert gulden noch achthundert
gulden me verlacht dan er ym noch lude des obgemelten
²⁹ zettels pfflichtigk sy gewest vnd also hab er von den achthundert gulden die er ym oberig verlacht hat hundert vnd
³⁰ vierczigk gulden zu solde mußen geben vnd wie wol sich
der vorgenant Johann guttenberg in der obgenanten Zettel
verschrieben hait das er im von den ersten achthundert
³¹ gulden von yeden hundert seß gulden zu solde geben soll
So hab er ym doch solchs keyns Jars ußgeracht / sunder
³² er hab solches selber mußen beczalen das sich driffet an
dritthalp hundert gulden zu guter rechnung vnd want nu
³³ Johann guttenberg ym solchen solt nemlich die seß gulden
gelts von den ersten achthundert vnd dan auch den solt von
³⁴ den oberigen achthundert gulden nye ußgeracht noch
beczalt hat vnd er den selben solt furter vnder Cristen vnd
³⁵ Juden hab mußen ußnemen vnd do von Seßvnddryßig
gulden vngeuerlich zu guter rechnung zu gesuch geben
³⁶ daz sich also zusammen mit dem heubpt-geld vngeuerlich
drifft an zweytusent vnd zwenczig gulden vnd furdert ym
³⁷ solchs als an sin schaden ußzurichten vnd beczalen ꝛc Dar
uff Johan guttenberg geantwert hat daß ym Johann fust
acht hundert gulden verlacht solt hain mit solchem gelde er
³⁸ sin ge-czuge zurichten vnd machen solte vnd mit solchem

gelt sich zu freden vnd in sinen nocz verstellen mochte vnd
solche geczuge des egenanten Johann pffant sin solten
vnd das Johannes ym jerlichen dryhundert gulden vor
kosten geben vnd auch gesinde lone hußzinße permet   papier
dinte ꝛc verlegen solt wurden sie alsdan furter nit eins so
solte er ym sin acht hundert gulden widdergeben vnd
soll— ten sine geczuge ledig sin Do by wol zuerstehen sy
das er solch werck mit sinem gelde das er ym uff sin pffande
gelichen hab volnbrengen solt vnd hoff das er ym nit
pflichtig sy gewest solch achthundert gulden uff das werck
der bucher zulegen Vnd wie wol auch in dem czettel begriffen sy das er ym von yddem hundert Seß gulden zu
gulte geben soll So hab doch — Johannes fust ym zugesagt
das er solcher versoldunge nit begere von ym zunemen So
sin ym auch solch achthundert gulden nit alle vnd alßbalde
nach inhalt deß czettels worden als er das in dem ersten
artickel siner ansprach gemeldet [so!] vnd fur— gewant hab
vnd von der uberigen acht hundert gulden wegen begert er
ym ein rechnung zuthun So gestett er auch ym   keins
soltes noch wuchers vnd hofft ym Im rechten dar vmb
nicht pflichtigk sin ꝛc Wie dan solch ansprach antwurt wid
derred vnd nachrede mit den vnd viel andern worten geludet
hait Do sprechen wir zum rechten Wan Johann guttenberg sin rechnung gethain hat von allen Innemen vnd
ußgeben daß er uff daz werck zu irer beider nocz ußgeben
hait was er dan men gelts dar uber enpfanngen vnd
ingenummen hait das sall in die achthundert gulden ge-

<small>38 mochte oder machte? sprachlich ist beides möglich | 43 a. E. Binde-
strich wie bei Worttheilung (vergl. zu Z. 24)   45 lies gemeldet | 47 Strich
a. E. nicht zu sehen   48 ob worten?   50 a. E. werdenn aus werden mit</small>

rechent werdenn   wer es aber das sich an rechnung erfinde
das er ym me dan acht hundert gulden her uß geben hette
die nit in ieren gemeinen nocze kummen wern sall er ym
auch widder geben vnd bringt Johannes fust by mir dem
eyde oder redlicher kuntschafft das er das obgeschrieben
gelt uff gulte ußgenummen vnd nit von sinem eigen gelde
das gelichen hat   So sall im Johann gutenberg solch gulde
auch ußrichten vnd beczalen nach lude des zettels Do solch
rechtspruch als ingemelt ist in bywesen der vorgenanten
hern heinrichs zc heinrichs vnd Bechtolffs diener des genanten Johann guttenbergk gelesen wart Der icztgenante
Johann fust mit uffligenden fyngern lyplichen uff die heilgen
in myner offenbar schribers hant das alles in einem zettel
noch lude des rechtspruchs den er mir dan also ubergap begriffen gancz war vnd gerecht wer swure geredt vnd
gelubt als ym got soll helffen vnd die heilgen vngeuerlich
vnd ludet der egenant Zedel von wort czu wort also
Ich Johannes fust han ußgenummen Sechczendehalp
hundert gulden die Johann guttenberg worden vnd auch
uff vnser gemein werg gangen sint Do von ich dan Jerlichs
gult solt vnd schaden geben han vnd auch noch eins teils
biß her schuldig bin Do rechen ich vor ein iglich hundert
gulden die ich also ußgenommen hain wie obgeschrieben
stet Jerlich Seß gulden was ym des selben ußgenummen
geldes worden ist das nit uff vnser beder werck gangen
ist das sich in rechnung erfindet do von heischen ich yni den

Ras. 54 l in lude aus   55 d. Strich über zc sehr schwach sichtbar
56—58 ist zu verbinden: Der ... Johann Fust ..., dass alles, in einem
Zettel ... begriffen (= enthalten), ganz wahr und gerecht wäre, schwur

ſoldt noch lude des ſpruchs vnd das das ⸗ alſo ware ſy will 64
ich behalten als recht iſt noch lude deß vßſpruchs uber der
erſten artickel myner anſprach · So ich an den obgenanten 65
Johan guttenbergen gethan han Ober vnd uff alle obgerurte
ſach begeret der obgemeldet ‖ Johannes fuſt von mir offenbar⸗ 66
ſchriber [so!] eins oder mer offen Inſtrument So vill vnd
dick ym deß noit wurde Vnd ‖ ſind alle obgeſchrieben ſachen 67
geſcheen In den Jare Indictien dag ſtund babſtumme
Cronung monet vnd ſtade obgenant ‖ in bywefen der 68
Erſamen menner peter granß Johann fiſt Johann kunoff
Johann yſeneck Jacop fuſt burger zu menc3 peter Girnßheim 69
vnd Johannis Bonne clericken menczer Stadt vnd Biſtums
czu gezugen ſunderlichen gebeden vnd geheiſchen

Darunter in einem Abstand von 2,5 Cent. und um fast
9,5 Cent. vom linken Rande der Schrift eingerückt, mit einer
grossen Initiale (U), welche bei Messung jener Abstände nicht angerechnet ist, folgt mit anderer Dinte und anderer Schrift
die Unterschrift des Notars:

(U)nd ich vlrich helmaſperger Clerick Bamberger Biſtoms 70
von keyſerlicher gewalt offen ſchriber vnd des heilgen Stuls 71
czu Menc3e geſworn notarius / want ich ‖ by allen obge⸗ 72
melten punten vnd articklen wie obgeſcribſen [so!] ſteet mit
den ‖ obgenanten geczugen geweſt bin / vnd ſie mit han 73
gehort / hirumb han ich ‖ diß offen Inſtrumentum durch 74
einen andern geſchriben / gemacht / mit myner hant vnder⸗ 75

(mit Rede und Gelöbniss) 64 deß aus de3 corr. ‖ 67 e in Jare auf
Ras. ‖ ſtade aus ſtede durch Corr. ‖ 68 granß eher als grauß; ein *Joannes
Crantz* lebt zu Mainz um 1438 nach Guden Cod. dipl. II 491 69 ō in
Böne nur in on, nicht in or aufzulösen; Z. 24 steht in weck (= werck)
ein voller Hacken, kein Strich 72 Über dem u in punten steht ein

ſchriben / vnd mit mynem gewonlichen czeychen geczeichent |⸫
76 geheiſchen dar ōber vnd gebeden in geczugniße vnd warer
77 orkunde aller ‖ vorgeſchribenen ding [Schlusszeichen]

schräger Doppelpunkt; ebenso Z. 73 bei geczugen und ḣirumb; ähnlich
ein Punkt über i in mit Z. 75 ⸫ 76 deutlich dar ōber; s. zu Z. 6 über fūſt.

In dem vor dieser Unterschrift befindlichen freien Raume
befindet sich das handschriftliche Notariatszeichen des Ulrich
Helmasperger[1]). Es ist ein aus einem steifen, viereckigen Aermel
nach oben herausragender Unterarm mit geöffneter, ausgestreckter
Hand, deren Rückseite allein sichtbar ist. Daumen und Zeigefinger
halten einen kurzen geraden Stengel, von welchem nach links ein
zweiter dünnerer Stengel mit einer Blüthe am Ende sich abzweigt.
Unten schliesst die Figur ein wagerecht laufendes, leicht ge-
schwungenes Band ab mit der anscheinend eigenhändigen Auf-
schrift des Notars[2]): vlricus helmaſperger notarius.

Das Blatt war ursprünglich in einer Entfernung von reichlich
9 und 15,5 Cent. vom oberen, bezw. unteren Rande einfach
zusammengeschlagen und erhielt auf dem oberen Theile der Rückseite von gleichzeitiger Hand eine Inhaltsbezeichnung:

Jnſtrumentum eynes geſaczten dages
daz fuſt ſine rechenſchafft
gethan[3]) vnd mit dem[4]) eyde beweret hat

Das Blatt wurde übrigens ohne Veränderung seiner Lage
oben umgeschlagen und auf der Rückseite beschrieben. — In spä-

---

¹) Vergl. die Tafel. Abgebildet ist es ausserdem bei Köhler a. O.
(Taf. No. 4) und nach diesem bei v. d. Linde, Gutenb. Urk. S. XXXI;
Gesch. d. Erf. S. 861 (bei einer andern Urkunde).

²) Es ist die gleiche Schrift und die gleiche Dinte wie Z. 70—77.

³) Hdschr. gethain (oder gethane), doch scheint der letzte Strich
des Wortes ausgestrichen zu sein.

⁴) Der untere Zug des letzten Striches anscheinend getilgt.

terer Zeit wurde der oben und unten umgeschlagene Bogen, wohl zum Zwecke anderer Aufbewahrung, noch in der Mitte nach rechts hin gefaltet und die dann oben befindliche leere Fläche von neuem beschrieben, und zwar so, dass die Falte nach oben zu liegen kam. Am obern Rande (mehr rechts) steht von wesentlich jüngerer Hand (aus dem Ende des 16. Jahrhunderts?)[1]:

Jnſtrument zwiſchen Gutenberg[2] vnd F(au)ſten 1455 vfgericht.

Am untern Rande derselben Seite steht von einer Hand des 18. Jahrhunderts:

NB über Einrichtung der erſten Druckerey entsponnenen [so!] proceſs betr.

Nachdem so im Vorstehenden die Echtheit des Helmaspergerschen Instrumentes erwiesen und sein Wortlaut genau wiedergegeben ist, gilt es noch seine Tragweite möglichst genau festzustellen gegenüber den geringschätzigen Urtheilen, mit welchen Hessels, Gut. S. 189[3] und Haarl. S. 59. 61 die Bedeutung desselben herabzusetzen sucht. Unser Urtheil über Gutenbergs Mainzer Thätigkeit hängt zumeist von dieser Urkunde ab, und A. v. d. Linde ist es offenbar nicht gelungen durch seine Darstellung des Fust-Gutenbergischen Prozesses die gegnerischen Zweifel zu beseitigen. Das Folgende wird auch zeigen, dass ich von v. d. Lindes Beurtheilung des Handels in wichtigen Punkten abweiche, namentlich in Bezug auf den eigentlichen Urtheilspruch und den von

---

[1]) Die Schrift dieser Aussenseite ist stark abgegriffen und unleserlich, einzelne Buchstaben sind daher nicht ganz sicher.
[2]) n oder m?
[3]) Die ausführliche Behandlung der Geschichte unseres Notariatsinstrumentes durch Hessels, Gutenb. S. 63—102 ist kein Ersatz für die dürftige Behandlung, welche der Inhalt desselben ebenda S. 189 in 10 Zeilen erfahren hat.

Johann Fust geleisteten Eid. Auch bietet im Einzelnen die Erklärung des Schriftstückes so manche Dunkelheit, welche bisher nicht einmal aufgedeckt, geschweige denn völlig erhellt worden ist, so dass eine erneute möglichst eindringende Behandlung des Textes wohl gerechtfertigt erscheint.

Unsere Urkunde enthält, wie z. Th. schon S. 1 bemerkt wurde, eine notarielle Ausfertigung des Protokolls über die zu Mainz am 6. November 1455 vor dem Notar Ulrich Helmasperger im Beisein von Zeugen in der Rechtsache des Johann Fust[1]) gegen Johann Gutenberg auf Verlangen des Ersteren erfolgte eidliche Vernehmung desselben, durch welche die Höhe seiner Forderung an Gutenberg festgestellt und damit das bereits früher gefällte, aber von dem späteren Nachweis abhängig gemachte richterliche Urtheil rechtskräftig werden sollte (vergl. S. 34 ff.). Es handelte sich im allgemeinen um die Rückzahlung eines Kapitals und Nachzahlung bedeutender Zinsbeträge, welche Johann Fust von Johann Gutenberg bei Auflösung ihrer Geschäftsverbindung auf Grund des früheren Uebereinkommens glaubte fordern zu dürfen. Um den Inhalt des abzulegenden Eides genau festzustellen, war es nöthig den Rechtspruch selbst nebst den zu seinem Verständniss erforderlichen Theilen der Klage und der Antwort des Verklagten in das Protokoll über jenen Eid mit aufzunehmen. Gerade diese mehrfache Beleuchtung des Verhältnisses zwischen Gutenberg und Fust macht die Urkunde so werthvoll, und es ist nur zu bedauern, dass sie allein auf den ersten Artikel der Fustschen Klage sich bezieht (s. Z. 21. 45. 64; vergl. *etc.* in Z. 37), über

---

[1]) Neben Fust (Z. 7. 9. 12. [15 (?).] 18. 22. 37. 44. 52. 56. 59. 66 und 68) findet sich Anfangs drei- oder viermal die Form Fúst (Z. 6 zweimal, Z. 8 und (?) 15). Es ist dieses übergeschriebene *e* nicht als Umlauts-, sondern als Dehnungszeichen anzusehen; vergl. Anm. zu Z. 76.

die sonstigen Differenzen der beiden Männer aber nicht einmal eine Andeutung gibt[1]).

Eine Gliederung des Textes ergibt sich nach dem Gesagten von selbst:

I. Z. 1—22. Einleitung mit den üblichen Angaben von Zeit, Ort, anwesenden Partheien und Zweck der Verhandlung.

II. Z. 22—54. Verlesung des durch Johann Fust vorgelegten Rechtspruches[2]), auf welchen die folgende Eidesleistung sich gründet. Ihm ist auszüglich, natürlich an der Spitze desselben, aus der Gerichtsverhandlung eingefügt: a) die Klage (Z. 22) oder Ansprache (Z. 45. 47. 64) des Johann Fust (Z. 22—37), d. h. nur ihr erster Artikel, und b) die Antwort (Z. 22. 37. 47) des Johann Gutenberg (Z. 37—47). Der Rechtspruch selbst (c) ist in Z. 48—54 enthalten.

III. Z. 54—65. Eidliche Aussage des Johann Fust über die Höhe seiner Forderungen (Z. 59—65).

IV. Z. 65—69, bezw. 77. Schluss mit der üblichen Bestättigung der Richtigkeit.

Wann die Gerichtsverhandlung stattfand, welche mit dem in unserer Urkunde vom 6. November 1455 mitgetheilten Urtheilspruche abschloss, steht nicht fest. Es zu wissen wäre von Wichtigkeit, weil darnach und nicht nach dem Datum unseres Instrumentes der Anfang der geschäftlichen Verbindung Gutenbergs mit Joh. Fust zu berechnen ist. Geraume Zeit muss meines Erachtens zwischen den beiden Terminen verstrichen sein. Denn nach dem Rechtspruch war zunächst Gutenberg als dem Ver-

---

[1]) Vermuthlich war allein der erste Punkt vermögensrechtlicher Natur, oder die anderen Artikel boten keine greifbaren Klagepunkte. Jedenfalls scheint der Rechtspruch vollständig und ohne Kürzung mitgetheilt zu sein, da in Z. 54 am Ende desselben nicht *etc.* steht, wie Z. 37 und 47.

[2]) rechtspruch heisst er Z. 9. 21. 54. 57. ussspruch Z. 64.

klagten aufgetragen oder überlassen worden (Z. 48 ff.) Rechnung abzulegen und im einzelnen nachzuweisen, was er von Johann Fust auf ihr gemeinsames Werk erhalten und was er dafür ausgegeben hat. Darnach sollte die Höhe der an Fust zurückzuzahlenden Summe sich bemessen. Diese Abrechnung scheint Gutenberg, obschon er in seiner Antwort auf Fustens Klage selbst begehrt hatte ‚eine Rechnung zu thun' (Z. 46), hinausgeschoben und verabsäumt zu haben, entweder weil die im Urtheil vorgeschriebene Art der Abrechnung nicht nach seinem Wunsche war, oder weil er Unbetheiligten keinen Einblick in seine Geschäfte gestatten wollte, oder um zunächst Zeit zu gewinnen, oder aus irgend einem anderen Grunde (vergl. S. 35). Fust musste nun einen ‚endlichen Tag' (Z. 10) seinem Gegner ansetzen, auf dass dem Rupcherthsee zufolge Gutenberg Rechnung lege (Z. 12 f.) und Fust selbst die Verzinsung der geliehenen Gelder beschwöre. Eine Frist von mehreren Monaten konnte wohl bis dahin verstrichen sein[1]). An eine sehr viel längere Zeit glaube ich deshalb nicht, weil Fust seinen Rechtshandel offenbar sehr energisch anfasste und bei der Verhandlung vom 6. November 1455 auch nicht hervorhob, dass ihm die Verschleppung der Sache durch Gutenberg neuen Zinsverlust gebracht hat.

Die für uns wichtigste Frage, ob die Verbindung Gutenbergs mit Fust die Kunst Bücher zu drucken betraf und ob Gutenberg allein oder von Anfang an gemeinsam mit Fust diese Kunst thätig ausübte und betrieb, bedarf einer besonders sorgfältigen Prüfung. Obschon nämlich das allgemeine Urtheil, auch das von W. Blades (a. O. S. 139), dazu neigt die erstere Frage bejahend zu beantworten, hat gerade Hessels, wie wir schon sahen (S. 19), die Beziehung der Urkunde auf die Buchdruckerkunst als ganz unsicher

---

[1]) Nach Nic. München, D. Kanon. Gerichtsverfahren I. 2. Ausg. (Köln und Neuss 1874) S. 86 (Abs. 7 Anm. 2) durften die zur Beibringung von Beweismaterial angesetzten Fristen nicht knapp bemessen sein.

hingestellt[1]). Wir werden bei dieser Erörterung natürlich die Aussagen der beiden Parteien sowie den Rechtspruch zu unterscheiden haben.

Vorausschicken muss ich indess zunächst einen Hinweis auf die unzweifelhafte, bisher jedoch übersehene oder nicht genügend hervorgehobene Thatsache, dass die geschäftlichen Beziehungen zwischen Gutenberg und Fust doppelter Art waren, wenn schon diese zwei Geschäfte unter sich eng zusammenhingen, einander bedingten und anscheinend auch nur in einem ‚Zettel' schriftlich festgesetzt waren (vergl. Z. 37—41). Einmal nämlich hatte Gutenberg von Fust 800 Gulden auf Zins zu 6% geliehen und für das Kapital das mit dessen Hülfe fertig zu stellende Geräth verpfändet (Z. 38 f.). Zweitens aber vereinigten sie sich zur gemeinsamen Betreibung und Ausnutzung eines bestimmten Werkes. Die Bedingungen dieser Verbindung sind nur zum Theil bekannt (Z. 39 f.). Nicht gering war, was Fust dabei jährlich und auf seine Gefahr zu leisten hatte[2]). Wenn er gleichwohl darauf einging, muss Gutenberg ihm das Aussichtsvolle des Werkes wohl genügend nachgewiesen haben; dasselbe bestimmte ihn wohl auch zu dem ersten Geschäfte, bei dem er immerhin ein ansehnliches Kapital, wenn auch nur leihweise, aufs Spiel setzte. Ja sogar auf die Zinsen dieses Kapitals verzichtete er mündlich (Z. 44), offenbar in der Hoffnung auf den Erfolg des gemeinsamen Werkes. Für Gutenberg war das erste Geschäft an sich nicht besonders günstig: er muss baares Geld dringend nöthig gehabt haben, um die Idee seines

---

[1]) Arth. Wyss in seinem inhaltreichen Aufsatz ‚Gutenberg oder Coster' (Centr. f. Bibl. V S. 255—272) streift S. 265 f. in seiner Kritik des letzten Hessel'schen Buches auch diese Frage, ohne jedoch näher darauf einzugehen.

[2]) Wenn Z. 40 von diesen Leistungen das Wort ‚verlegen' gebraucht ist, so werden damit hier nicht geborgte und zurückzugebende Einlagen bezeichnet, sondern solche, die zu verrechnen waren und nicht dem Gutenberg für seine eigene Tasche gegeben wurden.

aussichtsreichen Werkes gewissermassen *à fonds perdu* preis zu geben ohne entsprechenden Einsatz auf Seiten seines Gesellschafters; oder, was sehr wohl möglich ist, die Leistungen desselben bei dem gemeinsamen Werke boten dafür einen Ersatz. Wenn so die beiden Geschäfte einander wesentlich beeinflussten und die Auflösung des zweiten auch die Lösung des ersten zur Folge haben sollte (Z. 40 f.), so sind sie doch bestimmt auseinander zu halten: nur bei dem zweiten handelte es sich um ein **gemeinsames Werk zu ihrer Beider Nutzen**, während bei dem ersten allerdings eine Bestimmung des Geldes angegeben, Gutenberg aber keine Rechenschaft darüber schuldig war. Er sollte mit dem Gelde das Werk vollbringen (Z. 24), ‚sin (nicht: ihr) Gezüge zurichten und machen' und durfte mit solchem Geld zur eigenen Zufriedenheit und zum eigenen Nutzen schalten (Z. 37 f.), d. h. er durfte darüber verfügen, wie er es für angemessen und für sich vortheilhaft hielt. Dementsprechend ist vom **gemeinsamen** Werke der Beiden nur da in dem Instrument die Rede, wo gerade das zweite der beiden Geschäfte bezeichnet wird oder wo mit deutlicher Absicht die Grenze zwischen beiden verwischt werden soll (Z. 49. 51 f. und Z. 60. 62 f.). Gutenberg unterscheidet sie sorgfältig, um nicht Fustens Einlagen zum gemeinsamen Werk in das kündbare Kapital und letzteres nicht in die zu verrechnende Summe ziehen zu lassen; Fust hat das gleiche Interesse am Gegentheil[1]). Doch kehren wir jetzt zu den beiden vorhin angeregten Fragen zurück.

---

[1]) Daher heisst es in Fustens Eide (Z. 59 f.): ‚Ich . . . habe ausgenommen (von Andern geborgt) 1550 Gulden, die Johann Gutenberg geworden und **auch** auf unser gemeinsames Werk gegangen sind.' Dieses ‚auch' lässt sich nur so erklären, dass Fust damit auf seine sonstigen Leistungen für das gemeinsame Werk hinweist, worüber besondere Rechnung zu legen ist (Z. 63), und dass er wegen des Rechtspruches (Z. 49 f.) die von ihm für das gemeinsame Werk gezahlte Summe recht gross erscheinen lassen will, wobei die Unterscheidung der beiden Geschäfte möglichst beseitigt wird.

Nach dem früheren schriftlichen Uebereinkommen (Z. 30) zwischen Gutenberg und Fust, welches Z. 23. 28. 30. 43. 45. 54 als ‚Zettel' angeführt und auf dessen Wortlaut wiederholt ausdrücklich Bezug genommen wird, sollte Gutenberg mit den 800 von Fust zu leihenden Gulden ‚das Werk vollbringen' (Z. 24. 41 f.); ‚ob es mehr oder weniger koste, ginge jenen, den Fust, nichts an' (Z. 24). Die Arbeit lag somit nach der ursprünglichen Abmachung und also nach der Auffassung beider Vertragspersonen allein auf den Schultern Gutenbergs, und auch nach dem Wortlaut von Fustens späterer Klage (Z. 26 ff.) trat Gutenberg an Fust infolge ihrer Verbindung wohl immer mit neuen Geldforderungen heran, aber nicht mit Klagen über mangelnde persönliche und thätliche Unterstützung beim Werke. Hiermit stimmt es vollkommen, wenn Gutenberg in seiner Antwort, auch mit mittelbarer Bezugnahme auf den Vertrag (Z. 37 folt, ähnlich Z. 38. 39 u. s. w.), von seinem Gezeuge spricht, welches er mit dem Gelde des Fust herrichten und machen sollte (Z. 37 f.), und wenn diese (von Gutenberg allein hergestellten) Geräthe (geczuge Z. 37. 38) das Pfand sein sollten für das von Fust geliehene Geld (Z. 38 f.). Konnte er ihm bei Lösung des Vertrages die 800 Gulden wiedergeben, so sollten nach dem Vertrage, auf den Gutenberg Z. 40 f. sich immer noch beruft, seine Geräthe[1]) ledig sein. Dem Gutenberg allein müssen sie also gehört haben, von ihm allein konnten sie somit herstammen. Vor allem wichtig ist, dass auch in dem Rechtspruch Gutenberg allein als derjenige erscheint, welcher das Werk ausführte, Einnahmen und Ausgaben dafür hatte, Rechnung führte u. s. w. (Z. 48 ff.), während es für Fust sich nur um Feststellung des als Einlage zugeschossenen Kapitals und seiner Verzinsung handelt.

---

[1]) In der Urkunde steht wie allemal das uns weniger geläufige ‚geczuge'.

Wenn daneben auch von ihrem gemeinsamen Werke (Z. 60) oder ihrer Beider Werke (Z. 62 f.) die Rede ist, so haben wir die Bedeutung dieses Ausdruckes bereits kennen gelernt. Zweck ihrer Verbindung war ja die gemeinsame Ausnutzung des Gutenberg'schen Werkes und Fust hatte dafür bestimmte ansehnliche Leistungen übernommen (Z. 39 f.). Fust durfte daher in seinem Eide Z. 60 von ihrem gemeinsamen Werke, Z. 62 f. von ihrer Beider Werke sprechen, ohne damit auch nur die Vorstellung erwecken zu wollen, als sei er persönlich bei der Vorbereitung und Herstellung des geplanten Werkes in gleicher Weise wie Gutenberg thätig gewesen.

Dass bei dem mehrfach erwähnten ‚geczuge' (in der Einheit und Mehrheit) an Buchdruckapparate zu denken ist, hat an sich auch bei vorsichtiger Erwägung der Umstände den höchsten Grad von Wahrscheinlichkeit für sich, wenn man nämlich bedenkt, dass gerade für Mainz in jener Zeit der Gebrauch beweglicher Typen sich mit Bestimmtheit behaupten lässt[1]) und dass die Hauptpersonen unseres Instrumentes, Joh. Fust zunächst durch das Psalterium von 1457, Joh. Gutenberg durch vielseitige, zweifellose Ueberlieferung ebenso entschieden mit der Buchdruckerkunst in Verbindung stehen, mag ihr erster Erfinder — darauf kommt es hier nicht an — immerhin ein Anderer gewesen sein. Sie konnten damals unmöglich, der Eine durch Einsatz recht bedeutender Kapitalien, der Andere durch Einsatz einer entsprechend hochgeschätzten Arbeitskraft während reichlich 5 Jahre mit so grossen Umständen wie aus Z. 39 f. hervorgeht, irgend einen unbekannten Industriezweig betreiben und nebenher der Eine oder der Andere sich — etwa in den Mussestunden — mit dem Drucke der 42 zeiligen Bibel, welcher

---

[1]) So weisen die ersten mit Jahreszahl versehenen Drucke, die Ablassbriefe von 1454 und 1455, wie wir noch sehen werden, zu ihrem grössten Theile gerade auf Mainz als Ursprungstätte hin.

für sich allein ebenso bedeutende neue Kapitalien beansprucht hätte, beschäftigen und den des Psalteriums vorbereiten. Dazu kommt, dass im Gefolge der Beiden, auf der einen und der anderen Seite, im Instrument die Namen von Personen erscheinen, die uns aus späterer Zeit selbst als Buchdrucker bekannt sind[1]). Aber noch viel unmittelbarer ergiebt die Urkunde Beziehungen auf die Buchdruckerkunst. Unter den Verpflichtungen, welche Joh. Fust dem Gutenberg gegenüber zu dem gemeinsamen Unternehmen vertragsmässig auf sich genommen hatte, befand sich ausser Geld, Gesinde, Löhnen, Hauszins noch Pergament, Papier und Dinte (Z. 39 f.); Dinge, die man eben nur zum Bücherschreiben oder Bücherdrucken gebrauchen kann. Ersteres ist hier völlig ausgeschlossen, weil dazu kein für 800 Gulden und mehr herzustellendes Geräth nöthig war, Gutenberg auch in keiner der nicht wenigen auf ihn sich beziehenden Urkunden als Schönschreiber, Briefmaler, Notarius oder dergleichen genannt wird[2]). Andere Materialien sind an jener Stelle nicht genannt, wenn auch das *etc.* (Z. 40) weitere hinzudenken lässt. Die Hauptsache also und der einzige nachweisbare Gegenstand des Unternehmens war die Herstellung von Büchern. Zum gemeinsamen Werke gehörte wohl vor allem das Drucken der

---

[1]) Sicher sind Heinrich Keffer im Lohne Gutenbergs (Z. 14. 55), sowie Peter (Schoeffer) von Girnsheim, Klerikus der Stadt und des Bisthums Mainz (Z. 69), die bekannten späteren Buchdrucker von Nürnberg und Mainz. Der gleichfalls als Diener und Knecht Gutenbergs Z. 14 f. (und 55) erwähnte Bechtolf von Hanau wird wohl mit Recht allgemein, z. B. von v. d. Linde, Gutenb. S. 58* und Gesch. d. Erf. S. 859, Kapp a. O. S. 110, mit Berchtold Ruppel von Hanau identifizirt trotz der Abweichung in der Namensform. Dagegen kann ich angesichts des Originals der Urkunde der Vermuthung v. d. Lindes (Gesch. d. Erf. S. 47 f. und 857 Anm. 2) nicht beitreten, dass der Name des Mainzer Klerikers *Johannis Böne* (Z. 69) für *Johannes Born* oder *Borne* verlesen und dieser mit dem späteren Korrektor Peter Schoeffers Johannes Fons die gleiche Person sei (vergl. S. 17 Anm. zu Z. 69).

[2]) Den gleichen Grund führt bereits v. d. Linde, Gesch. d. Erf. S. 41 an.

Bücher im engeren Sinne, während die Herstellung der Typen, Formen und des anderen Geräthes Gutenberg sich vorbehalten hatte.

Absichtlich habe ich bisher mich auf Z. 42, wo ausdrücklich vom ‚Werk der Bücher' die Rede ist, nicht berufen. Dort unterscheidet nämlich Gutenberg zwischen dem mit Fustens Gelde hergestellten Werke oder Gezüge, das er als verpfändet anerkennt (Z. 38 f. 40 f.), und dem Werk der Bücher, von dem er hofft (Z. 42), dass er ihm (dem Fust) nicht verpflichtet gewesen sei, dasselbe für die erwähnten 800 Gulden zu verpfänden. Und doch sahen wir eben, dass das von Gutenberg eingerichtete und von den Beiden gemeinsam betriebene Werk sich wohl nur auf die Kunst des Bücherdruckens beziehen könne. Hessels, welcher a. O. mit Recht auf diesen scheinbaren Widerspruch hinwies, hat denselben nur benutzt, um die allgemeine Ansicht von der Beziehung des Instrumentes auf die Anfänge der Buchdruckerkunst zu bekämpfen, nicht aber versucht jenen zu lösen oder auch nur die Folgerung zu ziehen, welche auch bei seinem verneinenden Standpunkt in Bezug auf das ‚Werk der Bücher' jedenfalls gezogen werden müsste. Denn selbst wenn die Verbindung Fustens mit Gutenberg nichts mit dem Drucke von Büchern zu thun hätte, würde aus Z. 42 mit um so grösserer Sicherheit hervorgehen, dass Gutenberg allein ein von ihm sehr hochgehaltenes ‚Werk der Bücher' besass, und zwar schon zu der Zeit, als er mit Fust sich vereinigte, da er meinte, er sei nicht pflichtig gewesen (in der Vergangenheit!) dieses mit für Fustens Geld zu verpfänden. Der Umstand, dass er bemüht ist, dieses Werk der Bücher vor dem Schicksal der anderen Pfandgegenstände zu bewahren, ist uns ein Beweis für den hohen Werth, welchen er ihm beimisst. Deshalb und aus mehreren der früher geltend gemachten allgemeinen Gründe sind wir voll berechtigt das ‚Werk der Bücher' auch von Hessels' Standpunkt aus auf gedruckte Bücher zu beziehen und dem Gutenberg zuzuschreiben.

Wir sind aber gar nicht genöthigt uns auf Hessels' Standpunkt zu stellen. Jener scheinbare Widerspruch lässt noch eine befriedigende Lösung zu. Dass Gutenberg mit dem ‚Werk der Bücher' etwa die fertigen Drucke gemeint hat, welche er von der Verpfändung ausgeschlossen wissen will, während er die Druckvorrichtungen, das Geräth, dem Johann Fust zur Schadloshaltung für das zuerst eingezahlte Kapital allenfalls zu überlassen geneigt ist, erscheint mir als eine zu künstliche Erklärung obiger Stelle. Dagegen möchte folgende Annahme nach allen Seiten hin zu empfehlen sein.

Gutenberg hatte zu der Zeit, da er mit Fust in Verbindung trat, das Werk der Bücher als Erfindung und in den nothdürftigsten Geräthen bereits fertig (Z. 42), brauchte aber Geld zu weiteren Versuchen und zur Herstellung einzelner vollkommenerer Theile des gesammten Apparates sowie zur Ausnutzung seines Werkes. Nach beiden Seiten hin sollte Fust mit seinem Gelde ihn unterstützen und daher ging er mit ihm die oben dargelegte doppelte Geschäftsverbindung ein. Mit dem geliehenen Gelde wollte er also nur manche zur Vervollkommnung des Druckapparates erforderlichen Geräthe herstellen. Er erklärt daher später bei Lösung des Verhältnisses nur dieses mit Fustens Gelde beschaffte Geräth verpfändet zu haben, nicht aber das im Grossen und Ganzen schon vor seiner Verbindung mit Fust fertige ‚Werk der Bücher'. Z. 41 f. sagt er nämlich im unmittelbaren Zusammenhang mit der in Frage stehenden Stelle ausdrücklich: ‚wobei wohl zu verstehen sei, dass er solches (verpfändetes) Werk mit seinem (Fustens) Gelde[1], das er ihm auf sein Pfand geliehen habe, vollbringen sollte'. Die Erklärung Gutenbergs mag uns gezwungen erscheinen, sie erklärt sich aber aus der Nothlage, in welcher er sich zur Zeit des Prozesses befand, und ergibt sich aus seinen eigenen Worten. Fust natürlich

---

[1] Kurz vorher ist auch die Rede von ‚seinen' 800 Gulden.

schliesst sich dieser Unterscheidung nicht an, sondern hebt in seiner eidlichen Aussage Z. 60 gerade die Einheit des Werkes hervor, für das er Gutenberg sein Kapital geliehen und das er mit jenem gemeinsam betrieben hat. Schon darum dürfen wir nicht aus Z. 42 die Folgerung ziehen, dass das Werk der Bücher etwas von dem verpfändeten Geräthe völlig Verschiedenes und der Fust-Gutenberg'schen Verbindung Fernliegendes sei. Das Wesen dieses Werkes ist aus der Natur der Dinge, zu deren Lieferung Fust sich von Anfang an verpflichtet hat, ‚Pergament, Papier, Dinte, (Z. 39 f.) für Unbefangene genügend gekennzeichnet.

Zweierlei hat sich uns aus der näheren Erörterung der Urkunde bereits ergeben. Erstens dass die Verbindung Gutenbergs mit Fust die Herstellung gedruckter Bücher zum Zwecke hatte, jedenfalls Gutenberg ebenso lange das Geheimniss dieser Erfindung besass und an ihrer Ausführung arbeitete; zweitens dass Gutenberg allein bei dem Unternehmen als der ausübende Techniker erscheint[1]). Drittens lässt sich aus dem Instrument die Zeit ziemlich sicher feststellen, welche vom Anfang seiner geschäftlichen Verbindung mit Fust verstrichen ist bis zum Tage des Rechtspruches. Ueber die Länge der weiterhin bis zum 6. November 1455 verflossenen Zeit sind wir freilich auf Vermuthungen angewiesen (s. S. 21 f.). Um erstere zu ermitteln, müssen wir näher auf Fustens Geldforderung eingehen.

Der ursprüngliche Vertrag hatte für den Fall der Lösung der geschäftlichen Verbindung zwischen Fust und Gutenberg bestimmt, dass Letzterer das von Ersterem geliehene Betriebskapital von 800 Gulden zurückzahlen oder das damit hergestellte Geräth ihm als Pfand überlassen solle. Daraufhin klagt Fust von Gutenberg ein:

---

[1]) Eine Betheiligung des Fust und seiner Leute an der Arbeit des Druckens nach Anweisung und unter der Leitung Gutenbergs und mit dem von diesem gelieferten Geräth ist dabei keineswegs ausgeschlossen (vergl. S. 27 f.).

1: 800 Gulden (Gold) als (I.) geliehenes Kapital (Z. 23 f. 25. 26. 27. 27 f. 30. 33. 37. 40. 42. 44. 56);
2: an 250 „ ‚zu guter Rechnung'[1]) als Zins[2]) zu 6% für das I. Kapital (Z. 25. 32. 43);
3: 800 „ als (II.) (einige Zeit nach dem I.) für den Betrieb gezahltes Kapital (Z. 27 f. 33 f.; vergl. Z. 46. 59 f.);
4: 140 „ als Zins für das II. Kapital (Z. 29 f.) zu 6% (Z. 61 f.);
5: 36 „ ‚zu guter Rechnung' als Zinseszins für die Zinsen, die Fust selbst habe leihen müssen (Z. 32—35; 61).

Zusammen: an 2020 (Z. 35 f.), genauer 2026 Gulden.

Der zweite Posten ergibt durch eine einfache Rechnung eine Zeit von 5 Jahren 2½ Monaten von Einzahlung des Kapitals bis zur Zeit der Klageeinreichung, und da jene Rechnung für Gutenberg günstig sein sollte, wenigstens 5 Jahre 3 Monate. Rechnet man die zwischen der Klageeinreichung und dem notariellen Akt verstrichene Zeit mit mindestens 3 Monaten dazu (s. oben S. 22), so ist von uns der Anfang der geschäftlichen Verbindung zwischen Fust und Gutenberg in den Mai 1450, oder wenn man die Zinsberechnung Fustens noch ‚besser' sein lässt, endlich annimmt, dass zwischen Vertrag und Kapitaleinzahlung auch einige Zeit ver-

---

[1]) Die Worte ‚zu guter Rechnung' (Z. 32) besagen wohl, dass bei der Zinsberechnung die Zeit nicht aufs genaueste berechnet und daher die Summe geringer angesetzt ist, als möglich wäre. Deshalb und weil bei der Gesammtsumme das Wörtchen ‚an' auch eine Abrundung nach unten anzeigt, dürfen wir eine etwas längere Zeit als verstrichen annehmen.

[2]) Statt Zins gebraucht die Urkunde die Ausdrücke Sold (Z. 25. 29. 31. 33 [2mal]. 34. 47. 63; Versoldung (Z. 44); Gülte (Z. 26. 43. 53); Gult, Sold und Schaden (Z. 60); Sold und Wucher (Z. 47), letzteres vielleicht vom Zinseszins; ‚zu Gesuch' (Z. 35).

strichen sein wird, in den Anfang des Jahres 1450 anzusetzen[1]). Wann das II. Kapital von 800 Gulden angeblich oder wirklich von Fust eingezahlt worden ist, entzieht sich sicherer Bestimmung, da hier viel weniger als beim I. Kapital einmalige Einzahlung anzunehmen, vielmehr an ratenweise Zuschüsse zu denken ist (vergl. Z. 39. 44 f. 46. 49 ff.). Der Zinsbetrag von 140 Gulden lässt bei einem Zinsfuss von 6% eine Zeit von rund 3 Jahren voraussetzen, während welcher das ganze Geld zu verzinsen war; oder wenn es sich vertheilte, mag im zweiten Jahre der Geschäftsverbindung das Nachzahlen begonnen und bis Ende des dritten sich fortgesetzt haben. — Für eine Vertheilung der Zinseszinsen (Forderung 5) auf die einzelnen Jahre fehlt es an jedem sichern Anhaltspunkte.

Gutenberg räumt in seiner Antwort auf die Klage des bisherigen Geschäftstheilnehmers das Recht der Forderung 1 ein, allerdings mit der Beschränkung, dass er die 800 Gulden nicht voll und nicht auf einmal, wie im Vertrag ausgemacht war, erhalten habe (Z. 44 f.)[2]. Gegenüber der Forderung 2 beruft er sich auf eine mündliche Zusicherung Fustens, keinen Zins von ihm verlangen zu wollen (Z. 43 f.). Das Recht der Forderung 3 (800 Gulden) bestreitet er vollständig (Z. 46), insofern diese Summe zu den Zuschüssen an Geld und Materialien für den Betrieb des gemeinsamen Unternehmens gehöre, zu welchem sich Fust vertragsmässig ver-

---

[1]) A. v. d. Linde, Gut. S. 151 nahm kürzere Fristen an und datirt den Vertrag vom August 1450. Er verliess sich auf J. Wetters Berechnung (a. O. S. 287 Anm.), der sogar einen bestimmten Tag, den 22. August 1450, ermitteln zu können glaubte und dem auch Kapp a. O. S. 42 sich anschloss. Gleichwohl schwebt diese Rechnung völlig in der Luft, wie v. d. Linde, Gesch. d. Erf. S. 45 f. selbst nachweist. Zu weit geht dieser wohl zurück, wenn er am letzteren Ort den ersten Vorschuss Fustens schon ins Jahr 1449 versetzt.

[2]) Gross kann übrigens der Fehlbetrag nicht gewesen sein, da Gutenberg selbst Z. 42 von ‚solchen 800 Gulden' ohne Einschränkung spricht. Der Rechtspruch nimmt auf denselben auch keine Rücksicht.

pflichtet habe (Z. 39 f.); über die Verwendung derselben zu gemeinsamem Nutzen wolle er Rechnung ablegen. Damit fällt in Gutenbergs Augen auch das Recht der Forderungen 4 und 5 (Z. 46 f.)

Streitig waren somit zwischen den beiden Partheien in dieser Klagesache zwei Punkte: Erstens, ob die zweite von Fust gezahlte Summe (Forderung 3) ein besonderes Darlehen und Gutenberg zur Rückzahlung desselben verpflichtet sei, oder ob dies Zuschüsse Fustens zum gemeinsamen Betriebe des Werkes waren, die er vertragsmässig auf sich genommen. Zweitens war die Verzinsung der ganzen geliehenen Summe bestritten. Nur auf diese beiden Punkte geht auch der Urtheilspruch der Richter ein. Dem Rechte der ersten Forderung auf Rückzahlung des Grundkapitals von 800 Gulden hatte Gutenberg nicht widersprochen; von ihm ist dementsprechend im Rechtspruch keine Rede. Aber auch ein dritter fraglicher Punkt, den nur Gutenberg in seiner Antwort berührt hatte, bleibt im Urtheil unerledigt und unerörtert, ob nämlich das geliehene Geld nur auf das damit hergestellte Geräth oder auch auf das Werk der Bücher gelegt sei (vergl. S. 28 ff.). Darüber war erst später erforderlichenfalls in einem weiteren Handel eine Entscheidung einzuholen, sobald Gutenberg das Fust durch richterliche Entscheidung zugesprochene Geld nicht baar zahlen konnte oder wollte und Fust die Auffassung Gutenbergs von dem Pfandgegenstande bestritt.

Prüfen wir den gefällten Rechtspruch näher, so können wir nicht umhin ihn als im ganzen sachgemäss anzuerkennen[1]). An Fustens Recht auf die ersten 800 Gulden konnten die Richter

---

[1]) Ueber die Zusammensetzung des Gerichtshofes, vor welchem wahrscheinlich dieser Prozess sich abspielte, vergl. C. A. Schaab, D. Gesch. d. Erf. d. Buchdr. I. (Mainz 1830) S. 318 f. Doch ist in dem dort citirten Werke von Guden *Cod. dipl.* II 486 (statt 487) zu lesen, und aus S. 492 sind die von Schaab angegebenen Namen der vier Richter nicht zu entnehmen.

natürlich nichts ändern. Auf die Forderung aber eines zweiten Kapitals von gleicher Höhe, welche vertragsmässig nicht begründet war und den ersten Streitpunkt bildete (s. oben), gingen sie nur mit einer wesentlichen Beschränkung ein: Gutenberg sollte Rechnung legen über die Verwendung aller von Fust erhaltenen Gelder, mit Einschluss also des geliehenen Kapitals. Was davon nicht zum gemeinsamen Nutzen ausgegeben sei, solle bis zur Höhe von 800 Gulden in das zurückzuzahlende I. Kapital von 800 Gulden eingerechnet, alles Weitere aber diesem zugerechnet werden. Mit anderen Worten: Gutenberg sollte das geliehene Kapital, über das ein Schuldschein vorlag, zurückzahlen und ausserdem von Fustens Zuschüssen zum Betrieb nur solche Beträge, die nicht für das gemeinsame Geschäft verwendet worden waren[1]. Ersteres war schriftlich ausgemacht, Letzteres lag in der Natur des gemeinsamen Unternehmens.

Ueber den zweiten Streitpunkt, betreffend die Zinsen, lautete die Entscheidung auch dem Rechte und der Billigkeit entsprechend, dass das geliehene Geld, wenn der Gläubiger selbst es auf Zinsen geliehen hatte, zu verzinsen war[2]. Die Thatsache, dass Fust selbst das Geld auf Zins entnommen hatte, sollte er durch Eid oder Zeugen erhärten. Der Vertrag hatte Verzinsung des I. Kapitals ohne weiteren Nachweis ausbedungen. Über eine Verzinsung anderer Beträge aber gar nichts bestimmt. Hart für Gutenberg, aber nicht

---

[1] In diesem Sinne ist der Rechtspruch (Z. 48—52) unzweifelhaft zu erklären: Gutenberg soll Rechnung legen von allen Einnahmen, d. h. Zahlungen Fustens, und von allen Ausgaben zu dem gemeinsamen Werke. Was er dabei mehr empfangen hat (von Fust), soll auf die von Fust zurück verlangten (ersten) 800 Gulden angerechnet werden. Hätte er (Fust) ihm aber mehr als 800 Gulden gegeben, deren Verwendung im gemeinsamen Interesse sich nicht nachweisen lasse, so soll Gutenberg auch diesen Mehrbetrag herauszahlen.

[2] Ihm stand ja der schriftliche Kontract und der *titulus damni emergentis* zur Seite. Vergl. Nic. München, D. kanon. Gerichtsverf. II S. 506 ff.

unbillig und sicher dem geltenden Recht entsprechend war eben dies, dass ‚das obgeschrieben gelt' (Z. 53), welches zu verzinsen war, nicht bloss die ersten 800 Gulden umfasste, sondern auch alles weitere Geld, so weit es nicht für ihre gemeinsame Rechnung verwendet war.

Während Gutenberg die aufgegebene Rechnung nicht legte[1]), hatte Fust nicht die geringste Ursache mit dem Eide zu zögern. Was er beschwor, war ohne Zweifel zunächst nur auf die Verzinsung der von ihm zugeschossenen Gelder von Wirkung, nicht auf die Höhe des zurückzuzahlenden Kapitals. Dafür lautete der Rechtspruch zu deutlich[2]). Die Höhe der zu erstattenden Summe wurde durch besondere Rechnung festgestellt auf Grundlage des Rechtspruches[3]). Denn das von Fust bei Andern geliehene und seiner Aussage nach auf das gemeinsame Werk an Gutenberg gezahlte Kapital (Z. 59 f.)

---

[1]) Gutenberg selbst hatte verlangt (Z. 46) wegen der über 800 Gulden hinausgehenden Forderung Fustens Rechnung zu thun. Wenn er gleichwohl dies am entscheidenden Tage nicht ausführte und ‚sich den Sachen nicht fügte' (Z. 20), so muss ihn einer der S. 22 vermutheten Gründe dazu bewogen haben. Vielleicht hatte er auch gehofft, das Gericht werde jene weitere Forderung Fustens *a limine* zurückweisen, so dass es zur Rechnunglegung gar nicht gekommen wäre, und er glaubte nun nachher durch diese Abrechnung seine Sache nicht zu verbessern. Denn von Fustens baaren Betriebszuschüssen mag gar Vieles zur Zahlung alter dringender Schulden und der Zinsen für solche von Gutenberg verwendet worden sein.

[2]) Vergl. Z. 52 ff. und 8 ff. Anders fasst v. d. Linde, Gesch. d. Erf. S. 856 die Sache auf.

[3]) Eine solche von Fust aufgestellte Rechnung bildete vermuthlich eine Anlage des Zettels (Z. 57. 59), welcher die beeidete Aussage Fustens enthielt. Auf sie scheint Z. 63 (‚das sich in Rechnung erfindet') verwiesen zu werden, obschon ein entsprechender Zusatz (etwa ‚in beigefügter Rechnung') fehlt. Wäre eine erst später zu legende Rechnung gemeint, so durfte der Hinweis auf die Zukunft unbedingt nicht fehlen (‚das sich ... erfinden wird'). Dass etwa Gutenberg die Rechnung gelegt und eingereicht hätte, dann aber nicht zum Termine erschienen wäre, ist nach Z. 20 nicht anzunehmen.

von 1550 Gulden[1]) war nach dem Urtheilspruch keineswegs voll, sondern nur in Höhe von 800 Gulden zurückzuzahlen und was etwa über 800 Gulden hinaus davon Gutenberg nicht zu ihrer Beider Nutzen verwandt hatte[2]). Da nun von Gutenberg nicht durch Abrechnung das Gegentheil erwiesen war (Z. 46. 48 ff.), trat Fustens eidlich erhärtete Behauptung und Abrechnung über die Höhe des von jenem zurückzuzahlenden Kapitals in Kraft und daraus ergab sich zugleich die Höhe der Zinsen, welche Gutenberg bisher auf Grund einer mündlichen Zusage Fustens nie bezahlt hatte. Sie, die Zinsen, verlangte er auf Grund der schriftlichen Abmachung (Z. 62). Da diese aber nur ein geliehenes Kapital von 800 Gulden kannte, für das allein auch eine Verzinsung ausgemacht war, sichert er sich Z. 62 f. die Verzinsung des weiteren durch Rechnung (s. S. 35) festgestellten Betrages, der von seinen Betriebszuschüssen nicht für das gemeinsame Werk verwendet worden war, durch Berufung auf den Rechtspruch[3]). — Ueber die Frage, wie lange Fust die einzelnen geborgten Posten Andern habe verzinsen müssen, schweigt er in seinem Eide; sie erledigte sich wohl durch die beigegebene Rechnung (Z. 63).

Als Zeugen waren von Johann Fust neben den Klerikern Peter (Schoeffer) von Girnsheim und Johannis Bonne (vergl. S. 27

---

[1]) Die in der Klage angegebene Summe von 2×800 (= 1600) Gulden erscheint hier (Z. 59) um 50 Gulden geringer. Fust spricht freilich hier zunächst nur von dem Geld, das er selbst auf Zins von Andern geliehen hat, und nicht unmittelbar von der an Gutenberg gegebenen Summe.

[2]) Dass in den 1550 Gulden das I. Kapital von 800 Gulden ganz oder theilweise mit enthalten ist, muss unbedingt angenommen werden, da von der Verzinsung dieser Summe Fust nicht ganz und gar schweigen kann. Ueber die Bedeutung des Wörtchens ‚auch' in Z. 60 s. S. 24 Anm. 1.

[3]) Unter diesem Gesichtspunkt löst sich auch der scheinbare Widerspruch zwischen Z. 60 (‚die 1550 Gulden, die auch auf unser gemeinsames Werk gegangen sind') und Z. 62 f. („... das nicht auf unser Beider Werk gegangen ist'). An ersterer Stelle ist von der Bestimmung des Geldes, an letzterer von der wirklichen Verwendung desselben die Rede.

Anm. 1) fünf Bürger von Mainz vorgeladen worden. Bei keinem von ihnen sind, von Peter Schoeffer abgesehen, Beziehungen zur Typographie nachweisbar. Höchstens erinnert der Name Peter Granss, falls so zu lesen ist, an den des Martin Kranz, eines der drei ersten Pariser Drucker. Im Hinblick auf den Gegenstand der Verhandlung ist die Annahme naheliegend, dass jene fünf Bürger diejenigen waren, von welchen Johann Fust das Geld geliehen hatte. Sie sollten es wohl bezeugen, falls Gutenberg beim Termine erschienen wäre und Fustens Aussage angezweifelt hätte.

Der endliche Ausgang des Prozesses steht nicht urkundlich fest. Vermuthungen darüber aufzustellen wäre zwecklos, ebenso wie über den Inhalt der späteren Artikel der Fustischen Klage (s. Z. 21. 45). Selbst die erstgeliehenen 800 Gulden nebst Zinsen konnte Gutenberg wohl kaum zahlen; wenigstens kann man Z. 41 f. zwischen den Zeilen lesen, dass er auf Pfändung eines Theiles des Geräthes gefasst war. Auch fehlt es nicht an Anhaltspunkten, welche wahrscheinlich machen, dass die Typen der 42-zeiligen Bibel aus dem Besitz Gutenbergs in den von Fust und später von Peter Schoeffer[1]) übergingen. Sie finden sich nicht nur in mehreren

---

[1]) Dass Peter Schoeffer Fustens Tochter Christine bereits im Jahre 1453 oder bald nachher, wie allgemein angenommen wird, zur Frau erhalten habe, möchte ich bezweifeln. Von sozialen Verhältnissen abgesehen, passt das Alter ihrer Mutter Margaretha, welche nach dem Tode Fustens um 1468 sich nochmals verheirathete mit dem Buchhändler (und Drucker) Conrad Henckis und anscheinend nach Frankfurt a. M. übersiedelte (s. die in Zeitschr. d. Ver. f. Lübeck. Gesch. Bd. III [1876] S. 600 f. abgedruckte Urkunde), zu schlecht zu obiger Annahme. An eine Stiefmutter Christinens darf man nicht denken, da Peter von Gernsheim in dieser Urkunde der ‚Tochtermann Gretens' genannt wird. Auch das Alter, welches die beiden Söhne Schoeffers erreichen (1531 und 1543) macht es wahrscheinlicher, dass die Ehe nicht schon um 1454 geschlossen wurde. Ich vermuthe, dass dies erst etwa 10 Jahre später geschah. Vielleicht wollte Fust mit den Worten *pueri mei* in den Unterschriften der Ausgaben Ciceros *de officiis* von 1465 und 1466 das neue Verhältniss Peter Schoeffers zu ihm — übrigens nicht sehr geschickt, da der Ausdruck *gener* zu Gebote stand — andeuten.

alten Donatausgaben ohne Druckernamen (s. Hessels, Gutenberg S. 168 ff.), sondern namentlich auch in einem 35-zeiligen Donat, welcher nach der Unterschrift „*per Petrum de gernsshcym, in urbe Moguntina cum suis capitalibus*' gedruckt ist[1]); ebenso für gewisse Theile in der *Agenda Moguntina* von 1480, welche keinen Druckernamen trägt, aber wohl mit Recht allgemein dem Peter Schoeffer zugeschrieben wird (s. Schaab a. O. I S. 525 f.) und des Mainzer *Directorium missae* (um 1493), welchen Druck Dr. Falk im Centr. f. Bibl. V S. 207 f. nachweist und ihn Schoeffer zuschreibt. Ausserdem hat Hessels S. 166 einen der Versalbuchstaben aus dem 30-zeiligen Indulgenzbrief von 1454 und 1455, von dem einzelne Theile mit den Typen der 42-zeiligen Bibel gedruckt sind, in einem Ablassbriefe von 1489 entdeckt, welcher jedenfalls von Peter Schoeffer gedruckt sei[2]). Hessels S. 167 ff. schreibt auf Grund dieser Uebereinstimmung und nach Mr. Bradshaws mündlicher Belehrung verschiedene Donatausgaben, die 42-zeilige Bibel mit ihrem Supplement, den *Cantica ad Matutinas*. und den 30-zeiligen Ablassbrief Peter Schoeffer als Drucker zu, übersieht aber, dass dieser in der Unterschrift des 35-zeiligen Donat, der natürlich ganz von Schoeffer gedruckt ist, nur die Kapitalbuchstaben, nicht auch die Typen des Textes, d. h. die der 42-zeiligen Bibel, als ‚seine'

---

[1]) Vergl. Hessels a. O. S. 171 und das Facsimile der Unterschrift bei Sam. Leigh Sotheby, *Princ. typogr. II* (London 1858) Taf. LXXXIX.

[2]) Ein Exemplar desselben Briefes kam bei der Versteigerung der Bücher-, Autographen- und Urkunden-Sammlung aus dem Gräfl. von Trauttmannsdorff'schen Archiv zu Meran und anderen Beständen (durch J. A. Stargardt in Berlin am 26. Febr. 1889 u. folg.) unter No. 249 zum Verkauf. Es gelang mir nicht dasselbe für die Göttinger Universitäts-Bibliothek zu erwerben. Herr Buchhändler Albert Cohn in Berlin, welcher das Exemplar ersteigerte, war so gütig brieflich mir zu bestättigen, dass der Druck von Schoeffer ist und, wie ich zum Theil schon vorher unter der Hand ermittelt hatte, am Anfang des letzten vierzeiligen Absatzes (Z. 30) der Versalbuchstabe M aus Zeile 22 des oben bezeichneten Indulgenzbriefes sich wiederfindet.

d. h. von ihm erfunden und hergestellt, in Anspruch nimmt¹). Ferner erscheint in unserm Notariatsinstrument von 1455 Gutenberg allein als derjenige, welcher das ‚Werk der Bücher' zu eigen besitzt und gern vor dem Schicksal der Pfändung bewahren möchte. Dasselbe konnte aber keinen sehr hohen Werth besitzen, wenn daneben ein Zweiter zu Mainz eine Druckerei hatte, mit der ein Werk wie die 42-zeilige Bibel, die doch sicher vor dem 15. August 1456 gedruckt worden ist, sich herstellen liess. In der Zeit endlich von 1455 zu 1456 liess ein so umfangreiches Werk sich auch nicht ausführen, zumal der Druck des 1457 erschienenen Psalteriums von Fust und Schoeffer damals vorbereitet werden musste. Endlich ist auch nicht wahrscheinlich, dass Schoeffer etwa die Typen erst nach Gutenbergs Tode gekauft habe, um sie nicht in die Hände Anderer kommen zu lassen. Denn in diesem Falle würden Gutenberg-Homery oder die Bechtermünze doch bis zu Gutenbergs Tode einen nachweisbaren Gebrauch von ihnen gemacht haben. Wir kommen also darauf zurück, dass die 42-zeilige Bibel aller Wahrscheinlichkeit nach von Gutenberg (formell richtiger: Gutenberg-Fust) gedruckt wurde, die Typen aber wohl durch Pfändung in den Besitz von Johann Fust übergingen, von dem sie später sein Schwiegersohn Peter Schoeffer erhielt.

---

¹) Vergl. Schaab a. O. I S. 235. — Dass der Druck dieses Donats nicht mit Hessels a. O. S. 168 in die Zeit 1456/57 zu setzen ist, schliesse ich daraus, dass in seiner Unterschrift die *ars imprimendi* zwar als *nova* bezeichnet wird, aber nicht mit dem Nachdruck und der Umständlichkeit, wie es bei etwas völlig Neuem anzunehmen wäre und wie es im Psalterium von 1457 und 1459 sowie in Gutenbergs Catholicon von 1460 noch geschehen ist. Die Schlussworte jenes Donat nähern sich in ihrer Kürze mehr denen im *Cicero de officiis* von 1465 und von 1466, welche Ausgaben durch Joh. Fust ‚*manu Petri de Gernshem*' besorgt wurden. Da ferner kein einziger Druck vor Fustens Tode den Peter Schoeffer allein als Drucker nennt, bin ich geneigt anzunehmen, dass dieser Donat bald nach diesem Ereigniss (also 1466 oder 1467) gedruckt sei.

Ich fasse nochmals im Folgenden die Ergebnisse für die älteste Geschichte der Typographie zusammen, welche mit grosser Sicherheit aus dem nunmehr in seiner Echtheit gesicherten Helmasperger'schen Notariatsinstrument sich ermitteln lassen.

Erstens: Die geschäftliche Verbindung zwischen Gutenberg und Fust, welche 1455 gelöst wurde, galt der Herstellung gedruckter Bücher.

Zweitens: Gutenberg war dabei allein die leitende Person.

Drittens: Seine geschäftliche Verbindung mit Fust zur Herstellung gedruckter Bücher reicht etwa in den Anfang des Jahres 1450 zurück.

Viertens: Schon bei Beginn dieser Vereinigung stand für Gutenberg Wesen und Ziel der Typographie nebst den zu ihrer Durchführung erforderlichen Einrichtungen im wesentlichen fest. Würde doch sonst Fust schwerlich zu so bedeutenden Leistungen sich verpflichtet haben, wie er schriftlich gethan hat, wenn Gutenberg ihm nicht Proben der neuen Erfindung geben und das Nutzbringende derselben einleuchtend und klar darlegen konnte[1]).

---

[1]) Vergl. unter Anderen v. d. Linde, Gesch. d. Erf. S. 810 und Kapp a. O. S. 43. 812.

II. KAPITEL.

Die Ordonnanz Karls VII von Frankreich vom 4. Oktober 1458.

(Nicolaus Jenson's Sendung nach Mainz.)

Ein Zeugniss wie die Helmasperger'sche Urkunde hat für gleichzeitige oder gar frühere Ausübung der Buchdruckerkunst kein anderer Drucker als der Mainzer Johann Gutenberg für sich aufzuweisen. Als Erfinder der Kunst ist er allerdings darin nicht genannt. Dazu lag auch in dem Protokoll über die Verhandlung vom 6. November 1455, welche ganz allein Inhalt und Umfang der eidlichen Aussage Fustens begründen und rechtskräftig feststellen sollte, nicht der geringste Anlass vor[1]. Dagegen nennen die frühesten Nachrichten, welche überhaupt jene Kunst auf eine bestimmte Person zurückführen und dabei anscheinend auf ganz verschiedene Quellen zurückgehen, ohne Ausnahme Johann Gutenberg den Erfinder. Das früheste ausdrückliche, der Zeit Gutenbergs sehr nahestehende und aus Kreisen, die gut unterrichtet sein konnten, stammende Zeugniss ist der gedruckte Brief Guillaume Fichet's an Robert Gaguin vom 1. Januar 1472, welchen der ver-

---

[1] Vergl. Arth. Wyss a. O. (Centr. f. Bibl. V) S. 265 f. Ein weiterer Gesichtspunkt, dass Gutenberg seine neue Kunst möglichst mit dem Schleier des Geheimnisses verhüllt habe, wie er das früher in Strassburg bei dem, was er dort betrieb, nachweislich that, kommt hier kaum noch sehr in Betracht, da bereits zu Viele um die Sache wissen mussten.

ehrte Kollege Ludw. Sieber, Oberbibliothekar der Basler Universitätsbibliothek, in dieser entdeckt und 1887 in einer kleinen Festschrift zuerst vollständig hat abdrucken lassen[1]). Noch etwas älter und meines Erachtens auch weit wichtiger ist das bekannte Gedicht (in 12 Distichen) hinter der Unterschrift der *Institutiones Justiniani cum glossa*, welche Peter Schoeffer zu Mainz im Jahre 1468 hat erscheinen lassen. Da dasselbe in der Ausgabe des gleichen Werkes von 1472 — mir liegt ein Exemplar dieser vor — sowie in der *Nova compilatio decretalium Gregorii IX* von 1473 wiederholt ist, so muss man annehmen, dass Schoeffer, obschon die Verse nicht von ihm selbst herrühren[2]), doch den Inhalt derselben kannte und guthiess. In ihnen wird Z. 4 f. mit deutlicher Anspielung auf *Evang. Joh.* C. 20 V. 3—8 von zwei Johannes gesprochen, welche in der Kunst des Buchdruckes zuerst den Lauf unternahmen; zu ihnen gesellte sich später Petrus, welcher gleichwohl die Beiden überholend eher in das Innere der Kunst eintrat. Beide Johannes, heisst es dort, die ausgezeichneten ersten Drucker von Büchern[3]), hat Mainz geboren. Auf der sicheren Grundlage

---

[1]) Darnach ist der Brief abgedruckt im *Bullet. d. l. soc. de l'hist. de Paris XIV* (1887) S. 106 ff. Vorher war er auszugsweise von A. Claudin in *Le Livre IV* (1883) S. 370 f. (unkorrekt), von Jul. Philippe, *Orig. de l'imprim. à Paris* (Paris 1885) S. 173 ff. (in französischer Uebersetzung), von L. Sieber im Centr. f. Bibl. II (1885) S. 89 f. (vergl. O. Hartwig eb. I S. 118) und v. d. Linde, Gesch. d. Erf. S. 925 f. (lat.) und S. 733 f. in deutscher Uebersetzung veröffentlicht worden. Seitdem fand Frid. Pfaff ein zweites Exemplar des alten Druckes in der Freiburger Universitäts-Bibliothek (s. Centr. f. B. V 1888 S. 201 f.). Uebrigens hatte bereits A. Claudin a. O. bemerkt, den Brief finde man an der Spitze ‚einiger Exemplare' des *Gasparini Pergam. orthogr. liber*.

[2]) Ansprechend ist die Vermuthung J. P. A. Madden's, *Lettr. d'un bibliogr. III sér.* (Paris 1874) S. 95 ff., dass die Verse von einem gewissen Johannes Fons herrühren, der etwa wissenschaftlicher Gehülfe und Korrector der Schoeffer'schen Offizin war.

[3]) Dass damit überhaupt die ersten Buchdrucker, nicht etwa nur die von Mainz gemeint sind, ergibt sich mit voller Sicherheit aus dem Eingang des Gedichtes.

der Helmasperger'schen Urkunde ist natürlich an Andere als Johann Gutenberg und Johann Fust nicht zu denken. Die gezwungenen und unbedeutenden Einwendungen Hessels' (*Haarlem* etc. S. 65), mit denen die Bedeutung dieser Unterschrift entkräftet werden soll, hat A. Wyss a. O. S. 269 schlagend zurückgewiesen. Die Wichtigkeit des in diesen Versen über die Erfindung der Buchdruckerkunst gegebenen Aufschlusses kann man nicht hoch genug anschlagen. Ich halte die Stelle, obschon von zwei Johannes die Rede ist und Beide ohne Zunamen sind, für entscheidender selbst als Fichets Brief, der in Paris geschrieben sich nur auf Nachrichten Anderer stützen konnte, mögen wir diese für noch so gut unterrichtet halten. Peter Schoeffer dagegen war schon in der Zeit der Verbindung Gutenbergs mit Fust aller Wahrscheinlichkeit nach in der Werkstätte jener thätig gewesen; er hatte sicher damals bereits dem Fust nahe gestanden (s. S. 36) und sich alsbald nach der Trennung Fustens von Gutenberg, wenn nicht schon vorher mit Ersterem zur Ausübung der Druckerkunst vereinigt. Fust selbst, der über die Anfänge der Buchdruckerkunst noch besser unterrichtet sein konnte als Schoeffer, hatte sicher gar keinen Grund, es seinem Schwiegersohne Schoeffer zu verheimlichen, wenn ihm irgend ein früherer Drucker als Gutenberg, sei es ein holländischer oder ein anderer, bekannt war; dadurch wäre vielmehr das Verdienst Gutenbergs um die neue Kunst, welches man ihm gerade nach dem Prozesse zu Mainz allgemein zuschreiben mochte, wesentlich geschmälert worden. Durch alle diese Umstände war Peter Schoeffer wenn irgend Einer in der Lage über die ersten Anfänge der Mainzer Buchdruckerkunst Auskunft geben zu können. Auch brauchte er nach dem Tode Fustens (1466) und Gutenbergs (1468 oder Ende von 1467) höchstens noch auf die Familie des Ersteren einige Rücksicht zu nehmen. Wenn gleichwohl seine Auskunft eben zu Gunsten der beiden Johannes ausgefallen ist, so dürfen wir ihm getrost Glauben schenken. Freilich spricht er von zwei Johannes, das Evang. Joh. a. O. nur von einem. Er bezieht sich dabei auf die mehrjährige Verbindung der Beiden zur Ausübung der Buchdruckerkunst und geht als pietätvoller Schwiegersohn über die Frage, welchem Johannes ein Vorrecht einzuräumen sei, stillschweigend hinweg. Uns kann es jedenfalls nach den Ausführungen des I. Kapitels nicht zweifelhaft sein, wer von ihnen die neue Kunst, das ‚Werk der Bücher' mit ins Geschäft gebracht hat.

Noch viel älter indess als der Fichet'sche Brief und Peter Schoeffers Zeugniss, nur nicht unmittelbar überliefert ist die vielbesprochene Ordonnanz König Karls VII von Frankreich vom Jahre 1458, infolge deren Nicolaus Jenson, vermuthlich ein Stempelschneider der königlichen Münze, nach Mainz geschickt worden ist zur Erlernung der neuen Kunst. In der Ordonnanz selbst ist der Juncker Gutenberg zu Mainz als derjenige bezeichnet, welcher die Kunst mit Stempeln zu drucken erfunden habe.

Eine nur unvollständige Kenntniss von diesem Kabinetsbefehl verdanken wir einem von *M.* de Boze herrührenden Artikel in der *Histoire de l'acad. roy. d. inscr. 7. XVI* (Paris 1743) S. 227 ff. Darin wird S. 237 aus einer Handschrift des Buchhändlers Mariette eine Randbemerkung mitgetheilt, welche bei den letzten Münzen König Karls VII stehe und sich auf das Jahr 1458 beziehe. Es sei da berichtet, dass ‚*Charles VII informé de ce qui se faisoit à Mayence, demanda aux Généraux de ses Monnoyes une personne entendue, pour aller s'en instruire; Que ceux-cy lui indiquérent Nicolas Jenson Maître de la Monnoye de Tours, qu'il fut aussi tôt dépêché à Mayence; mais qu'à son retour en France, ayant trouvé que Charles VII étoit mort, il étoit allé s'établir ailleurs*'. Das für uns Wesentliche, was sich in Mainz begeben haben soll, fehlt hier. Erst C. H. v. Heinecken in dem anonym erschienenen Buche *Idée gén. d'une Collect. compl. d. estampes (Leipz. & Vienne 1771)* S. 165 f. vervollständigt auf Grund eigener Einsicht der Handschrift des Mr. Mariette, die er als ‚*manuscrit de l'hôtel des monnayes*' bezeichnet, jene Mittheilung dahin, dass es darin vom König geheissen habe „*ayant sçû, que Guttenberg, Chevalier, y avoit inventé cet art.*' Uebrigens sollen nach Mariette Schrift und Stil dieser Note viel weniger alt sein als die einer sehr ähnlichen Notiz in einer andern Herrn de Boze selbst gehörigen Handschrift[1]), welche dieser der Zeit Ludwigs XI von Frankreich zuweist. In ihr stand die Bemerkung neben dem Abdruck der ersten Münzen des eben genannten Fürsten; genannt ist dieser jedoch nicht ausdrücklich. Die Note lautet (a. O. S. 236 f.): *Qu'ayant sçu qu'il y avoit à Mayence gens adroits à la taille des poinçons & caractères, au moyen desquels se pouvoient multiplier par impression les plus rares Manuscrits, le Roy curieux de toutes telles choses & autres, manda aux Généraux de ses Monnoyes y dépêcher personnes entendues à ladite taille, pour s'informer sécrétement de l'art, & en enlever subtilement l'invention; & y fut envoyé Nicolas Jenson, garçon saige, & l'un des bons Graveurs de la Monnoye de Paris.* In dieser Quelle steht also der Name des Erfinders entschieden nicht, und je nachdem wir der einen oder andern Quelle glauben folgen zu müssen, behaupten oder leugnen wir das alte, ja sogar älteste Zeugniss, welches Gutenberg die Erfindung der Buchdruckerkunst zuschreibt.

Die verschiedenen Gelehrten, welche hierin sich zu entscheiden hatten, zumeist solche, die über die Sendung des Nicolaus Jenson nach Mainz handelten, haben je nach inneren Gründen oder mit Rücksicht auf das höhere Alter der de Boze'schen Handschrift diese Sendung in die Regierungszeit Karls VII († 1461) oder Ludwigs XI (1461—1483) verlegt und damit indirect das Zeugniss für Gutenberg angenommen oder zurückgewiesen. De La Serna-Santander a. O. S. 179 f. giebt der de Boze'schen Handschrift, dagegen Heinecken a. O., Giac. Sardini, *Esame s. princ. d. franc. ed*

---

[1]) De la Serna-Santander, *Dict. bibliogr. choisi du XVe s. I p. (Bruxelles 1805)* S. 179 Anm. 134 nennt sie ein „*ancient manuscrit de Monetis Galliae antiquis*".

ital. tipogr. I (Luca 1796) S. 4 ff., L.-Ch.-Fr. Petit-Radel, *Recherches s. l. biblioth. anc. et mod.* (Paris 1819) S. 170, P. Dupont, *Hist. de l'imprim.* (Paris 1854) I S. 118 und II S. 557 der andern Nachricht den Vorzug. Ebenso mit längerer Begründung Aug. Bernard, *De l'orig. et d. déb. de l'imprim. en Europe, p. II* (Paris 1853) S. 273 ff. Er theilt zugleich S. 273 f. aus einer Handschrift der Pariser Arsenalbibliothek *(Armoire de fer; Hist. 467 fol. 409ᵛ)*, welche frühestens der Mitte des 17. Jahrhunderts angehört¹) und ersichtlich nur die Abschrift einer älteren Vorlage ist (s. Bernard S. 273 Anm. 2), eine viel vollständigere Fassung der auf eine Ordonnanz Karls VII Bezug nehmenden Note mit. Ausserdem erfahren wir von Bernard a. O. Anm. 4, dass E. Cartier ,*ancien directeur de la Monnaie de Paris*' andere Manuscripte dieser Note ob in gleicher Ausführlichkeit?) mit orthographischen Abweichungen gesehen habe. Edm.Werdet, *Hist. du livre en France, p. I* (Paris 1861) S. 293 ff. druckt beide Nachrichten, die der letzterwähnten Handschrift und die des de Boze'schen Manuscriptes, ab und entscheidet sich S. 296 dahin, den Kabinetsbefehl Karls VII für wohl verbürgt zu halten²). Dagegen hat, durch einzelne sprachliche Anstösse und vor allem durch Gründe innerer Wahrscheinlichkeit bestimmt, J. P. A. Madden, *Lettr. d'un bibliogr. II sér.* (Versailles 1873) S. 121 ff. gegen Bernard u. A. mit der ihm eigenen Entschiedenheit und Sicherheit die de Boze'sche Note für allein massgebend und die andere für eine sehr junge Umschreibung jener erklärt (S. 123). Damit käme das Zeugniss für Gutenberg von selbst in Wegfall. Merkwürdigerweise haben Maddens Ausführungen viel-

---

¹) Die Handschrift enthält Anmerkungen zu dem vorgebundenen Exemplar der *Figures Empreintes des Monnaies de France* von J. B. Haultin, welcher 1640 starb. Nach Vallet de Viriville in der *Nouv. Biogr. gén. T. 26* (Paris 1858) Col. 352 (unt. Janson, Nic.), wo dieselbe Note vollständig abgedruckt ist, steht sie in der bezeichneten Handschrift p. 410—411.

²) Ebenda wird S. 295 weitere Litteratur zu der Frage angegeben.

seitige, stille oder offene Zustimmung gefunden, selbst bei v. d. Linde (Gutenb. S. 260 f. und Gesch. d. Erf. S. 407 f.), obschon seine Beweisführung keineswegs zwingend ist[1]).

Die Entscheidung in dieser Streitsache wird sehr wesentlich von der Ueberlieferung der einen und der anderen Note sowie von dem Urtheil über Güte und Alter derselben abhängen. In dieser Beziehung bin ich in der Lage die von Mariette und später von Bernard veröffentlichte Note aus einer sehr viel älteren werthvollen Handschrift in einer völlig korrecten Fassung vorzulegen. Sie findet sich nämlich auch in einer Handschrift der Pariser Nationalbibliothek aus der Zeit Heinrichs II (1547—1559). *Fonds franç.* 5524 (aus der *Bibl. Baluz.* n. 250) fol. 152ᵛ und 153ʳ. Ich verdanke die Mittheilung der Stelle und die nächsten diese Handschrift betreffenden Angaben der Güte meines Kollegen und Freundes Professor Alfr. Schoene, welcher seinerseits davon durch seinen Pariser Freund, den bekannten Archäologen Wilh. Fröhner, Kenntniss erhalten hatte. Dieser hat mir gütigst die Veröffentlichung des Textes gestattet und auf mehrere Fragen weitere Auskunft ertheilt, wofür ich auch an dieser Stelle ihm verbindlichen Dank sage. Die Handschrift soll im Jahre 1559 geschrieben sein und nach dem Urtheil des Herrn Fröhner „lauter gute Nachrichten enthalten, die aus verlorenen offiziellen Quellen stammen"[2]. Ihr Verfasser schöpfte nach W. Fröhners Urtheil sein Material aus den Akten der königlichen

---

[1]) Gegen Madden spricht sich E. Giraudet aus in dem Buche *Les orig. de l'impr. à Tours* (Tours 1881) S. 99 f. (und S. 19). Auch druckt er S. 99 den Text der Note aus einer Handschrift der Arsenalbibliothek ab („*traitant des Monnaies*"), aber in einer von dem Bernard'schen so abweichenden Orthographie, dass ich nicht glauben kann, es sei dieselbe Handschrift gewesen. Eine nähere Bezeichnung des benutzten Manuscriptes fehlt bei Giraudet.

[2]) In dem gedruckten Katalog der *Bibliotheca Balusiana* (Paris 1719) P. III S. 35 wird als Inhalt des *Cod. in fol.* 250 angegeben: *Evaluation des Monnoyes Etrangeres, arrêtée par ordre du Roi en l'année 1559. — Monnoyes de France depuis l'an 1179. jusqu'au regne d'Henry II.*

Münze, entweder direct oder indem er einen Auszug benutzte. Von
der Handschrift gibt es Abschriften unter dem Titel *Registre de
Lautier*. eine in der Pariser Nationalbibliothek, wo die Note *fol.* 118
stehen soll, eine in der Arsenalbibliothek und eine dritte (mit unbedeutenden Zusätzen) im Vatikan. Auch hiervon verdanke ich
der Güte des Herrn W. Fröhner die Kenntniss; Abweichungen
des Textes giebt er nicht an. Eine Zusammenstellung der Fassung
unserer Note nach der neuermittelten Quelle (I) und nach der
Handschrift der Arsenalbibliothek (II)[1]) wird deutlich zeigen, dass
in Bezug auf die besprochene Note erstere Fassung allein für die
weitere Untersuchung in Betracht kommen kann. Die wesentlichen
Abweichungen der jüngeren Quelle hebe ich durch kursiven Druck
hervor; die Zeilenabtheilung ist mir nicht bekannt.

I.	II.
Bibl. Nat. *Fr.* 5524 (*fol.* 152^v und 153^r).	Bibl. de l'Arsen. *Hist.* 467 (*fol.* 409^v).
Le IIIIme Jour doctobre mil IIII° LVIII Led3 S^r roy ayant entendu que mess^{re} Jehan guthenberg ch'l'r demourant a mayence pays dallemaigne homme adextre en tailles et caracteres de poincons auoit mis en lumiere Linvention de imprimer par poincons [*fol.* 153^v] et carracteres curieulx de tel tresor, led3 Sr Roy auroit mande aux gñaulx de ses monnoyes Luy nommer psonnes bien entendues alad3 taille et pour enuoyer audit Lieu secrettement soy infformer delad3 forme et manniere delad3 invention	Le *IIIe* octobre M.IIII° LVIII, le roy ayant *sceu* que messire [ohne *Jehan*] Guthemberg, chevalier, demeurant à Mayence *au* païs d'Allemagne, homme adextre en tailles et *de* caracteres de poincons, avoit mis en lumiere l'invention d'imprimer par poinçons et caracteres, curieux de tel tresor, le roy *avait* mandé aux generaux de ses monnayes luy nommer personnes bien entendues à la dite taille [*et* fehlt] pour envoyer audit lieu secrétement *soit* [so!] informer de ladite forme et invention,

[1]) Für II folge ich dem Abdruck bei Bernard a. O.; Madden a. O.
hat die Orthographie stark modernisirt. Der Giraudet'sche Text steht in
Bezug auf die alterthümliche Schreibweise dem hier neu veröffentlichten
sehr viel näher, in Einzelnem scheint er diesen darin sogar zu übertreffen
(z. B. hat er *au dict lieu*, I *au dit Lieu*).

entendre concevoir et apprandre Lart dicelle A quoy feust sattisfaict aud3 Sr et par nicolas Jenson feust entreprins tant Led3 voyage que semblablement de parvenir a Lintelligence dud3 art et execuõn dicell aud3 Royaulme dont p̄mier a faict debuoir dud3 art dimpression aud3 Royaulme de france.	entendre, concevoir et apprendre *l'un*¹) d'icelles; à quoy *fut* satisfait audit sieur *roy* et par Nicolas Sanson [so!] *fut* entrepris, tant ledit voyage que semblablement de parvenir à l'intelligence duditart et execution d'iceluy audit royaume, dont premier a fait devoir dudit art d'impression audit royaume de France.

Es ist zunächst klar, dass mit Ausnahme des Wortes *sceu* (Z. 2) die Fassung II keine einzige Abweichung zeigt, welche in jener mehr sehen liesse als eine etwas frei und flüchtig angefertigte Abschrift von I²). Zugleich zeigt sie Z. 13 und 15 das Bestreben den Text verständlicher und einfacher zu machen, auch anscheinende Fehler zu verbessern (Z. 10. 17. 18). Dass nun gerade wegen *sceu* in Z. 2 eine andere Quelle von besonderem Werthe für II anzunehmen sei, ist wenig wahrscheinlich; denn gerade *sceu* ist anstössig, wie Madden S. 123 richtig hervorhebt, *entendu* dagegen völlig korrekt. Möglich ist es dagegen, dass I und II auf eine gemeinsame weit ältere Quelle zurückgehen, in der *entendu* (Z. 2) stand, wofür aber — gleichfalls sehr früh — in einer Abschrift *sceu* eingesetzt wurde. Jedenfalls dürfen wir die Version II für die weitere Untersuchung aus dem Spiele lassen³).

Für sich und ohne Bezugnahme auf die de Boze'sche Note betrachtet, zerfällt die Nachricht vom 4. Oktober 1458 augenscheinlich dem Inhalt nach in zwei zeitlich ganz verschiedene Dinge betreffende Theile. Der erste scheint den in knapper, verständlicher, nach Sprache und Inhalt tadelloser Fassung geschriebenen Auszug aus einer Ordonnanz König Karls VII von Frankreich an die Münz-

---

¹) So für *l'art*.
²) Flüchtigkeiten giebt es in Z. 14. 17. 18; als solche sehe ich daher auch die Abweichung in der Tagesdatirung an.
³) Ueber *sçu* in der Note *de Boze* soll später noch die Rede sein.

meister des Reiches in Sachen der neuen von Gutenberg zu Mainz erfundenen Buchdruckerkunst zu enthalten. Allerdings kann wegen des Conditionel in Z. 10 *(auroit)* und des Subjonctif in Z. 17 und 18 *(feust)* dem Schreiber nicht das Original des Erlasses, sondern nur ein darauf gegründeter Bericht vorgelegen haben. Regestenartige gleichzeitige Aufzeichnungen über die wichtigeren Vorgänge auf dem Gebiete des Münzwesens dürften die Quelle des Verfassers der Note gewesen sein; natürlich Aufzeichnungen eines den Verhältnissen sehr nahe Stehenden, weil sonst die so genaue Kenntniss einer discret zu behandelnden Sache unerklärlich wäre. Darin dass die Nachricht ausdrücklich als nur mittelbar überliefert wiedergegeben wird, sehe ich gerade eine Verstärkung ihres Werthes, da ja der Schreiber gar nicht den Schein erwecken wollte, als bringe er eine Thatsache vor, sondern sich mit einem *relata refero* begnügte. Ebenso ist Z. 1 *ledit*, ohne dass von dem König vorher in der Note die Rede war, für diese Note eher ein Zeichen der Echtheit als des Gegentheils. Im Original kann vor der ausgeschriebenen oder ausgezogenen Stelle der König bereits mehrfach erwähnt gewesen sein; erst später hat man *ledit* berichtigend durch *le* ersetzt. In Sprache und Schreibung scheint der Verfasser der Note I die Eigenthümlichkeiten des 15. Jahrhunderts völlig beibehalten zu haben[1]). In Z. 13 ver-

---

[1]) Mein Freund Professor Gröber in Strassburg schreibt mir in dieser Beziehung auf meine Anfrage: ‚Die Orthographie (der Note) ist durchaus die der 2. Hälfte des 15. Jahrhunderts; doch ist auch noch in den ersten Jahrzehnten des 16. Jahrhunderts geschrieben worden *demourant, -aigne* für *-agne, Jehan,* wohl auch noch *adextre* (d. i. *adextré*), *de imprimer* (ohne Elision), *mander* im Sinne von befehlen, beauftragen, *icelle, -prins* für *pris*. Ich glaube das auch von *curieulx, informer, manniere, feust,* ohne einen Beleg zur Hand zu haben; aber gewiss ist ebenso, dass so auch schon in der Zeit Karls VII geschrieben wurde.... Die Orthographie des 15. Jahrhunderts erfährt eine Veränderung erst etwa im 3. Dezennium des 16. Jahrhunderts.' Da nun die Handschrift, welcher die Notiz entnommen ist, aus der Zeit Heinrichs II (1547—1559) stammt, also einer Zeit, in welcher eine veränderte Orthographie bereits Platz griff, ist um

räth auch die Wendung *et pour enuoyer* (Personen im Stempelschneiden erfahren und [geeignet] um sie an den bezeichneten Ort zu schicken) den ungelenken Urkundenstil; der Abschreiber des 17. Jahrhunderts hat diese Unebenheit ausgeglichen. An der zwölfmaligen Wiederholung des Ausdruckes *ledit, ladite* (allein im letzten Satze steht es sechsmal), welche Madden a. O. bemängelt, kann Keiner Anstoss nehmen, der bedenkt, dass diese Wendung gerade dem Urkunden- und Kanzleistil jener Zeit eigenthümlich ist[1]) und wir es hier wohl nur mit einem Auszuge zu thun haben. Gerade im Gegentheil möchte ich eben hieraus schliessen, dass eine wirkliche Urkunde der Aufzeichnung zu Grunde lag.

Wer bei König Karl die Sache angeregt und ihn zu dem Kabinetsbefehl veranlasst hat, ob es ihm persönlich Ernst darum war oder er nur dem Zureden Anderer folgte, entzieht sich ganz natürlich unserer Kenntniss. Seine Indolenz ist keinesfalls Grund genug, die Ordre für gefälscht oder auch nur unglaubwürdig zu halten (so Madden S. 124). Die rege Thätigkeit, welche Frankreich auf dem Gebiete des Münzwesens, der Spielkartenfabrikation und ähnlicher Dinge vor der Mitte des 15. Jahrhunderts entfaltet, lässt die Aufmerksamkeit durchaus gerechtfertigt erscheinen, welche einer technisch verwandten neuen Kunst gleich von ihrem Beginn an geschenkt wird.

Das spätere Ergebniss der Ordre wird in der handschriftlichen Notiz von Z. 17 *(A quoy)* an mitgetheilt. In der Urkunde selbst vom 4. Oktober kann es natürlich nicht gestanden haben, sondern die beiden Nachrichten können erst später verbunden

---

so sicherer anzunehmen, dass ebenso wie die Schreibweise auch der Inhalt im wesentlichen unverändert aus der ursprünglichen Vorlage übernommen wurde. Professor Gröber macht mit Recht auch noch darauf aufmerksam, dass Z. 16 die Häufung der Ausdrücke *entendre, conceuoir et apprendre* auf einen urkundlichen Erlass deute.

[1]) Vergl. z. B. die im I. Kapitel abgedruckte Helmasperger'sche Urkunde Z. 7. 8; 11 ff. usw.

worden sein. Wir sind deshalb durchaus berechtigt, den letzten kürzeren Theil der Stelle anders zu beurtheilen als den ersteren. An den anscheinend ziemlich wörtlichen Auszug aus einer Urkunde wurde vom Excerptor eine Nachricht über den weiteren Verlauf der Sache geknüpft. Woher er sie hat, wissen wir nicht. Vielleicht liegt auch hier, was ich nicht bezweifeln möchte, irgend eine urkundliche Aufzeichnung zu Grunde; doch hat sie jener nur dem Sinne, vielleicht der Erinnerung nach und seiner Auffassung folgend wiedergegeben. Dem Ungeschick des Regestenschreibers, der am Ende der Note selbst aus wenigem Material die Ausführung des königlichen Befehls darstellen musste, schreibe ich das Dunckel des letzten Satzes *(dont premier* u. s. w.) zu[1]). Im Vorhergehenden ist mit *audit Royaulme* natürlich Deutschland gemeint[2]).

Die geheime Sendung Nicolaus Jensons nach Mainz fand nach Z. 18 der Note noch unter Karl VII statt, vermuthlich nicht sehr viel später nach der diesbetreffenden Ordre, also Ende 1458, höchstens im Anfang von 1459. Keinem der Gründe, aus welchen

---

[1]) Die Worte *„dont premier a faict devoir dudit* (oder *dudict*) *art d'impression audit Royaulme de France'* können meines Erachtens nur bedeuten: ‚infolge wovon er (Jenson) zuerst die genannte Kunst des Druckens im Königreiche Frankreich pflichtmässig ausgeübt hat'. Nach der Meinung des Schreibers dieser Note wäre Jenson also der erste Drucker Frankreichs gewesen. Ob diese Angabe falsch und ein von dem Schreiber willkürlich aus dem Vorhergehenden gefolgerter Schluss ist oder ob sie sich auf einzelne kleine Druckproben stützte, welche Jenson nach seiner Rückkehr aus Deutschland etwa zu seinem Ausweis vorlegte und die sich vielleicht in dem Archive der Münze erhalten hatten, muss ich dahin gestellt sein lassen. Jedenfalls reichen die Nachrichten, welche Nicolaus Jenson die Kunst des Druckens in Frankreich einführen lassen und die damit wohl die Kenntniss unserer Note in dieser oder jener Form bekunden, weit hinauf. André Chevillier, *L'orig. de l'imprim. de Paris* (Paris 1694) S. 43 f. hat sie (bis zum Jahre 1565 zurück) zusammengestellt.

[2]) *que semblablement de parvenir* ... heisst: um in gleicher Weise (wie man zu Mainz die Kunst verstand) zur Kenntniss ... zu gelangen.

Madden die Sendung eher Ludwig XI glaubt zuschreiben zu müssen, können wir irgend welche Beweiskraft zuerkennen. Im Gegentheil wäre es höchst auffallend, wenn dieser König, der sonst bei Verfolgung seiner Pläne ebenso viel Zähigkeit wie Verschlagenheit an den Tag zu legen pflegte, hier einen bei Beginn seiner Regierung gefassten Entschluss, nämlich die Einführung der Buchdruckerkunst in Frankreich, später völlig hätte fallen lassen, so dass diese erst im Jahre 1469 durch ganz andere Kreise thatsächlich erfolgte. Vielmehr fand wohl Jenson bei seiner Rückkehr infolge des Thronwechsels, welcher einen gründlichen System- und Personenwechsel nach sich gezogen hatte, den Boden wenig günstig für die Aufnahme und gedeihliche Entwickelung der Kunst, hatte selbst aber eine so günstige Meinung von ihrer Zukunft gewonnen, dass er beschloss sein Lebensschifflein ihr anzuvertrauen, obschon die Gründe, welche ihn zum Verlassen des Vaterlandes bewogen, völlig unbekannt sind. Wäre er aber im Jahre 1461 oder 1462 der Vertrauensmann Ludwigs XI und seiner Räthe gewesen, so durfte er doch auch 1469, wo man in Paris die Errichtung einer Druckerei eifrig betrieb, auf die wirksame Unterstützung dieser hohen Kreise rechnen. Das Gegentheil erklärt sich leicht, wenn man seine Sendung in die Zeit Karls VII ansetzt.

Welches ist nun das Verhältniss der auf eine Ordonnanz vom 4. Oktober 1458 zurückgehenden Nachricht (A) zu der S. 45 mitgetheilten de Boze'schen Note (B)? Weder eine Zeitbestimmung enthält diese noch ist der König, welcher die Sendung Jensons veranlasste, genannt. Allein auf der Thatsache, dass die Bemerkung neben den ersten Münzen Ludwigs XI steht, beruht die Beziehung des *Roy* auf eben diesen Monarchen. Sonst bieten die beiden Noten inhaltlich nicht den geringsten Widerspruch. B hat kein Datum, nennt keinen Erfinder, sondern spricht allgemein von *gens adroits* etc., beschreibt den Vortheil der neuen

Kunst ausführlich und bezeichnet Nicolaus Jenson als tüchtigen Stempelschneider der Pariser Münze[1]). In Bezug auf den letzten Punkt ist zu beachten, dass nur in der keineswegs alten Mariette-schen Version Jenson als Münzmeister von Tours genannt wird, die nachweislich älteste Fassung von A aber keinen Ort nennt. Nimmt man an, was ähnlich in Handschriften unzählige Male vorkommt, dass die Bemerkung über Jensons Sendung an eine falsche Stelle gerathen ist und zu den Münzen aus der letzten Regierungszeit Karls XII gehören sollte, so ist die Beantwortung der oben aufgeworfenen Frage sehr leicht. Dann haben wir in A und B zwei im Wortlaut vielfach abweichende, im Kern der Sache auf die gleichen Quellen zurückgehende Berichte über dieselbe Sache vor uns: A ist in der grösseren ersten Hälfte zuverlässiger und inhaltreicher, im Grunde wohl ein fast wörtlicher Auszug aus einer Urkunde; in B ist die Ueberlieferung freier und inhaltloser, indess ist am Ende eine neue und vielleicht beachtenswerthe Angabe erhalten (s. oben). Dass A im Eingang der Note den Vorzug verdient, zeigt *ayant* entendu neben *ayant* sceu in B, wofür man *sçachant* erwartet; auch *adextre* scheint älter zu sein als *adroit*.

Ist man aber auch nicht geneigt, dem Schreiber der de Boze-schen Note eine äusserliche Verwechselung zuzumuthen in Bezug auf die Stelle, zu welcher die Bemerkung gehörte, so dürfen wir gleichwohl die Nachricht von Karls VII Ordonnanz noch nicht im geringsten verdächtigen. Dann war der Irrthum des Schreibers nur ein anderer. Er fand die Note bereits ohne Zeitangabe und

---

[1]) Herr W. Fröhner theilte mir brieflich mit, dass Nicolaus Jenson aus der Pariser Münzgeschichte sonst nicht bekannt ist, erklärt das aber damit, dass wir über diese zur Zeit Karls VII überhaupt wenig wissen. — Nicht unmöglich ist es, dass der Verfasser von B diese Mittheilung anderswoher schöpfte als aus der gemeinsamen Quelle von A und B.

Namen des Königs vor und glaubte fälschlich die Sendung auf Ludwig XI statt auf dessen Vater beziehen zu müssen[1]).

Das Datum der Ordre des 4. Oktober 1458, sowie die ausdrückliche Bezeichnung des Junker Johann Gutenberg von Mainz als Erfinder der Buchdruckerkunst scheint auf diese Weise völlig gesichert und damit das früheste Zeugniss für ihn festgestellt. Das Gewicht desselben, das auf Berichten an König Karl VII von Frankreich und einer infolge deren erlassenen Ordonnanz beruht, brauche ich nicht hervorzuheben. So lebhaft waren damals sicher die geistigen und materiellen Beziehungen zwischen Deutschland und Frankreich, dass letzteres frühzeitig Kunde von dem Auftauchen der ersten Druckerzeugnisse erlangen und Nachforschungen nach dem Urheber derselben anstellen konnte. Allein die internationalen Verbindungen des Klerus, welcher die neue Kunst sehr bald in seinen Dienst genommen hatte, genügen zur Erklärung jener Thatsache. Die Ablassbriefe, die beiden ersten Bibeln und vor allem das 1457 erschienene Psalterium, welches selbst in seiner Unterschrift auf die neue Herstellungsart hinwies, musste oder konnte doch aufmerksame Augen leicht auf die Kunst des Bücherdruckes lenken[2]).

---

[1]) Zwischen B und der gemeinsamen Quelle von A und B (= O) haben wir wenigstens zwei Zwischenglieder anzunehmen. In dem ersten nach O (= Ob) wurde *sceu* für *entendu* eingesetzt und vielleicht manche andere kleine Aenderung vorgenommen; in dem zweiten fiel mindestens die Zeitangabe weg. Von Ob leiten sich alle die Variationen von A her, welche ja *sceu*, *seu* u. ähnl. haben.

[2]) Vallet de Viriville in der *Nouv. Biogr. gén.* unt. Janson vermuthet, der König sei durch den Markgrafen Karl von Baden, welcher zu jener Zeit Karl VII in Vendôme besuchte, auf die neue Erfindung aufmerksam gemacht worden.

III. KAPITEL.

Die gedruckten Ablassbriefe von 1454 und 1455.

Die Vertheidigung und Erläuterung der frühesten Zeugnisse für Gutenberg würde unvollständig sein, wollte ich nicht auch die ersten Werke seiner Thätigkeit wenigstens zum Theil mit in den Kreis meiner Erörterung hineinziehen und sehen, wie sich das im I. Kapitel gewonnene Ergebniss mit dem in Einklang bringen lässt, was über die frühesten Mainzer Drucke ermittelt werden kann. Insbesondere will ich im Folgenden die Frage prüfen, ob zwingende Gründe vorhanden sind, neben Gutenberg schon vor seinem Bruche mit Fust eine zweite Druckerei oder gar mehrere für Mainz anzunehmen. Denn wenn solche bestanden, ist immerhin, wie wir an den früher für Albrecht Pfister erhobenen Ansprüchen sehen, die Frage ihres Verhältnisses zur Gutenberg'schen Druckerei aufzuwerfen und zu beantworten. Mitten in diese Frage führen uns sogleich die vielbesprochenen Chappe'schen Ablassbriefe von 1454 und 1455, die ersten Erzeugnisse der Typographie mit gedruckter Jahreszahl.

Es gibt von diesen Ablassbriefen bekanntlich zwei nicht nur im Satz, sondern auch in den Typen völlig verschiedene Ausgaben. Die eine ist von grösserem Format, auch grösseren Typen, und in zahlreicheren Exemplaren erhalten: sie will ich im Folgenden kurz A^1, die andere dagegen A^2 nennen. Die gewöhnliche und auch wirklich nächstliegende Annahme ist nun, dass A^1 und A^2 von verschiedenen Druckern herrühren; insbesondere wird A^1 dem

Albrecht Pfister, welcher später in Bamberg mit einer von den zwei in A¹ benutzten Typenarten druckte, zugeschrieben¹). Auch v. d. Linde, Gesch. d. Erf. S. 866 u. s. äussert sich dahin, dass schon im Jahre 1454 zu Mainz eine Druckerei von Gutenbergs erster Werkstätte sich abgezweigt hatte. Chappe müsse sich seine Formulare in zwei Offizinen bestellt haben, wofür sich allerlei persönliche Beziehungen und Einflüsse sehr leicht vorstellen liessen. Eine Vermuthung darüber, wer dieser zweite selbständige Drucker gewesen sei, spricht v. d. Linde nicht aus. Ganz unentschieden ist Hessels, Gutenb. S. 163 f., während er später in dem Buche *Haarlem* etc. S. 17 und 19 den Druck A¹ Gutenberg, A² dem Peter Schoeffer zuschreibt. Dagegen hat A. Wyss neuerdings in einem schon mehrfach angeführten Aufsatz (Centr. f. Bibl. V S. 266) die Behauptung aufgestellt, welche er demnächst in einer ausführlichen Arbeit über die Ablassbriefe zu erhärten gedenkt, dass Fust der Drucker der Indulgenzbriefe gewesen sei (von A¹ und A² oder A³ allein?). Da mich eine Prüfung der Sache zu einem wesentlich verschiedenen Ergebniss geführt hat, so scheint es mir angezeigt, dieses im Folgenden mitzutheilen und zu begründen²). Der Umstand,

---

¹) Die ältere Litteratur zur Pfister-Frage findet man am vollständigsten und mit kurzen erläuternden Bemerkungen angeführt bei Léon de Laborde, *Nouv. rech. s. l'orig. de l'imprim. I* (= *Débuts de l'impr. à Mayence et à Bamberg. I*) (Paris 1840) S. 25 Anm. 119. Nach L. de Laborde selbst hat Pfister nichts mit dem Drucke der Briefe zu thun. Sehr entschieden bezeichnet dagegen G. H. Pertz in den Abhandl. d. K. Akad. d. Wiss. zu Berlin, 1856 (Berlin 1857) in einem Aufsatz „Ueber die gedruckten Ablassbriefe von 1454 und 1455" S. 713 und 716 ff. Pfister als den Drucker von A¹; ebenso von Neueren Heinr. Klemm im Beschreib. Catalog seines Bibliogr. Museums (Dresden 1884) S. 78.

²) Die bibliographischen Uebungen, welche ich im Sommer vorigen Jahres mit einigen Zuhörern abhielt, waren zum Theil den Ablassbriefen gewidmet und führten zu den Ergebnissen, die ich im Folgenden darlege. In dieselbe Zeit fällt die Untersuchung des Berliner Exemplares, während mir die Falsifikate der Culemann'schen Sammlung (s. später) erst im Herbst bekannt wurden.

dass die Göttinger Universitätsbibliothek im Besitz dreier zur Gruppe A¹ gehöriger Ablassbriefe ist, von denen nur einer eine kleine Beschädigung aufweist, und der Herr General-Direktor der Königlichen Bibliothek in Berlin Dr. Wilmanns mir mit gewohnter Liberalität, für welche ich auch hier verbindlichsten Dank sage, das dortige Exemplar von A² zur Benutzung übersandte, ermöglichte mir eine eingehende und nicht ergebnisslose Vergleichung der beiden Drucke¹).

Zunächst lehrt eine Vergleichung der drei hiesigen Exemplare von A¹, deren Echtheit völlig feststeht, mit unumstösslicher Gewissheit, dass der Satz des Briefes stehen blieb und mit Aenderungen, die das Bedürfniss hervorrief, zu verschiedenen Zeiten

---

¹) Es gibt von A¹ in Braunschweig, Wolfenbüttel und Hannover einige Exemplare mit zweifacher völlig anderer Anordnung der Zeilen 19—21 und z. Th. mit kleinen andern Abweichungen auf Z. 25. 26 (vergl. Hessels, Gutenb. S. 156 f.). Sie sind sämmtlich unbenutzt. Es waren Probedrucke, die einer geeigneteren Vertheilung der für die handschriftlichen Eintragungen bestimmten leeren Räume weichen mussten (s. de Laborde a. O. S. 7. 17 und Sotzmann im Serap. IV 1843 S. 280 f. 386 f.). Hessels dagegen (Gutenb. S. 154 f.) denkt an zwei besondere Ausgaben des Druckes, von dem es also mit den zwei im Folgenden noch zu unterscheidenden vier gegeben hätte. Das ist aber nicht wahrscheinlich. Denn nur der bei Hessels mit c) bezeichnete Satz ist in einer grösseren Zahl von Abzügen verbreitet und blieb, wie wir sehen werden, für den Druck d) (bei Hessels) stehen, ist also der, für welchen man sich in der Kanzlei des Ablasshandels endgültig entschied. Dagegen ist es wohl möglich, dass man die von den zwei früheren Proben gemachten Abzüge nicht einfach makulirte, sondern einem der für den Ablasshandel Bevollmächtigten mit übergab für den Fall, dass die anderen Exemplare nicht ausreichten. Eine Vergleichung dieser zwei Probedrucke, um sie so zu bezeichnen, mit den mir zugänglichen Drucken war mir leider nicht möglich, so dass ich nicht bestimmt erklären kann, ob sie zu dem gleichen Satze gehören. Ist es der Fall — und ich möchte dies für das Wahrscheinlichere halten —, so sind sie jedenfalls in der bei Hessels aufgestellten Reihe auf einander gefolgt. Uebrigens muss, wie wir auch noch sehen werden, bei den Ablassbriefen die Frage der Echtheit mit grosser Vorsicht geprüft werden.

Abzüge davon genommen wurden[1]). Zwei von jenen tragen die gedruckte Jahreszahl MCCCCLIIII, eines die Zahl MCCCCLV[2]). Auch einzelne andere Abweichungen zeigen sich beim Vergleich der Exemplare, die auf eine Aenderung des Satzes schliessen lassen. Ich nenne der Kürze wegen die beiden Stücke von 1454 a und b, das aus 1455 aber c; und zwar a das am 26. Januar 1455 zu *luneborch* (No. 4 bei v. d. Linde a. O.), b das am 30. April 1455 zu *Hildenſem* ausgestellte Exemplar (No. 7 bei v. d. Linde). Im Allgemeinen muss ich vorausschicken, dass c ein sehr sorgfältiger und, von der Lücke des rechten Randes abgesehen, wohlerhaltener Abdruck, a dagegen auffallend weniger scharf und genau ist, auch wohl im Laufe der Zeit viele Theilchen der Druckerschwärze verloren hat. Infolge dessen scheinen beim ersten Anblick sehr viel mehr Verschiedenheiten innerhalb der einzelnen Buchstaben zu bestehen, als bei genauer Prüfung sich als sicher herausstellen[3]). Die Beschaffenheit des Pergamentes, seine grössere oder geringere Schmiegsamkeit spielten dabei eine wesentliche Rolle. Diesem Material und den Veränderungen, welche seine Oberfläche mehr

---

[1]) Hessels scheint mit den „*four issues*" des Druckes A¹ das Nämliche zu meinen (s. S. 150. 153 f.), doch hat er den Beweis dafür nicht geliefert, noch auch die Folgerungen daraus gezogen, welche sowohl für seine Ausgaben a) und b) wie nach anderen wichtigeren Seiten hin sich daraus ziehen lassen.

[2]) Das Ende dieser Zeile ist mit dem einiger vorausgehender und nachfolgender abgerissen, der obere Ansatz der Zahl V aber erhalten, so dass an ihr nicht gezweifelt werden kann. Die Angabe v. d. Lindes über die Jahreszahl dieses Exemplares (Gesch. d. Erf. S. 842 No. 5 unter den Drucken mit der Einerzahl IIII) ist falsch.

[3]) Ich verweise z. B. auf folgende Wörter, in welchen ich die fraglichen Buchstaben durch kursiven Druck hervorgehoben habe: Z. 9 *exiſtit*, Z. 13 *quaedā*, Z. 15 *Confeſſor*, Z. 25 *et*, Z. 30 *fideliū* und *offenſas*, Z. 31 *ſancti*. Meist bildet b ein Mittelglied zwischen a und c in Bezug auf die Güte des Druckes und daher auf das Aussehen einzelner Buchstaben. Besonders lehrreich ist eine Vergleichung der Bindestriche am Ende der Zeilen, von denen in a mehrfach nur der Eindruck zu sehen ist.

als die eines guten Papieres unter dem Einfluss äusserer Umstände erleidet, schreibe ich es auch zu, dass der Abdruck b um fast 5 Millimeter kürzer ist, also weniger spazionirt erscheint als a und c. Im einzelnen lässt sich bei einem Vergleich mit a nirgends ein geringerer Zwischenraum entdecken, dagegen hat das Blatt eine Menge kleiner Fältchen bekommen, welche jenen Breiteunterschied verschulden. Auch in der Höhe zeigen sich kleine Verschiedenheiten (b ist etwas höher als a und c), ohne dass Grund vorliegt an verschiedenen Durchschuss zu denken. Einzelne Abweichungen des Exemplares c sind indess nicht zufällige, sondern beruhen auf einer Aenderung des Satzes. Vor allem steht Z. 20 a. E. in c statt IIII der Buchstabe V als Zahlzeichen. Ausserdem aber hat ohne Zweifel c Z. 4 über *a* in *fāguis* einen anderen Strich als a und b; ebenso Z. 17 in *pcta* über *t*; Z. 29 haben a und b in *tui* über dem *i* einen in der Mitte unterbrochenen, c dagegen einen völlig unversehrten Halbbogen[1]); vielleicht ist auch Z. 2 in *afflictiōi* das zweite *f* in c neu.

In Folge dieser kleinen Aenderungen und vielleicht noch einiger anderer musste natürlich die geschlossene Form geöffnet und der Zusammenhalt einzelner Zeilen oder Zeilentheile gelockert werden. Es ist daher erklärlich, dass Zeile 1 in c um ganz weniges sich nach rechts geschoben hat, ebenso Z. 17 und 28, vor allem Zeile 31, welche in c vor *tuoıū*, vor *Inquātū* und vor *hac* mehr spazionirt, im ganzen daher etwas länger ist als in a und b[2]).

Diesen wenigen Abweichungen steht eine völlige Uebereinstimmung in so vielen Besonderheiten des Druckes gegenüber, dass

---

[1]) Solche fehlerhafte *i*-Bogen mit abgesprungener oder unabgedrückter Spitze finden sich auch in der 42-zeiligen Bibel zu Dutzenden fast auf jeder Seite. Die 36-zeilige Bibel, welche hier zunächst zu vergleichen wäre, habe ich nicht zu Gesicht bekommen.

[2]) Eine Verschiebung in den 4 letzten Zeilen ist ausser der Jahreszahl die einzige Aenderung, welche Hessels S. 153 an der Ausgabe des Jahres 1455 beobachtet hat.

an der Richtigkeit der Annahme eines und desselben Satzes gar kein Zweifel bleibt. Nicht nur die Schreibung ist, von dem Einer der Jahreszahl abgesehen, Buchstabe für Buchstabe gleich, auch die Zeilenabtheilung, die Stellung der Buchstaben neben und unter einander, vor allem aber die wenigen Druckfehler und die zahlreichen Eigenthümlichkeiten einzelner Buchstaben, Abkürzungen und Satzzeichen. Unter diesen hebe ich die *i*-Zeichen hervor. Im Anfang sehen sie einem kurzen Gravis ähnlich, später sind sie meist rund, zuweilen auch gleichen sie einem kurzen Acut, und zwar in a, b und c stets in voller Uebereinstimmung[1]). Besonders charakteristisch ist dieses Zeichen über dem letzten *Interdicti* (Z. 8). Hier hat der Gravis oben noch eine Krümmung, welche erkennen lässt, dass das Zeichen ursprünglich wohl ein *i*-Bogen war, wie er in den Bibeltypen zur Anwendung kam[2]). Es fehlt ganz, und zwar wieder in a, b und c, Z. 6 in *ʒſeſſionibʒ*, Z. 19 in *huiuſmodi*, ist gleichmässig schwach Z. 5 in *catholice*, Z. 30 in *plenariam*, Z. 31 in *filii* (zumal in a). Die Bibeltype, um so die Type der hervorgehobenen Stellen zu bezeichnen, hat in a, b und c dieselben schadhaften i-Bogen Z. 22 in *abſolutionis*, Z. 28 in *remiſſionis*, Z. 29 in *Miſereatur*. Der Punkt fehlt vor *Et quia* (Z. 18); der Bindestrich am Ende der Zeile 8 ist gleichmässig schwach, in a nur der Eindruck der Type zu sehen; ebenso am Ende von Z. 10, doch ist hier augenscheinlich in b und c nachträglich mit Druckerschwärze nachgeholfen worden, welche infolge dessen in b sich verwischt hat. Einzelne Buchstaben stehen in a, b und c etwas höher, wie

---

[1]) Die drei Arten finden sich unmittelbar nacheinander in den Worten *oblitis reſtituendo* (Z. 29).
[2]) Es scheint fast, als wären die *i*-Punkte besonders gesetzt worden, wie sie ja auch in der Schrift kein alter und nothwendiger Bestandtheil dieses Buchstabens waren, und als hätte man schadhaft gewordene Bogen der fetten Type statt neuer Zeichen bei der Kursivtype verwendet. Die Ungleichmässigkeit dieses Zeichens in den Ablassbriefen fände so die beste Erklärung.

z. B. Z. 16 *teneāī*, Z. 20 *Anno*, Z. 23 *aūcte*, andere wieder etwas tiefer, wie z. B. Z. 16 *que*, Z. 23 *ıc¹*). Besondere Spazionirung zeigt sich Z. 4 in *incipiendum*, Z. 8 in *fentētīīs*, Z. 12 in *Satiffactōe*, Z. 31 in *mȝīs*. Charakteristisch ist auch, dass als Kürzungszeichen für -*us* neben 3 zweimal übereinstimmend ; vorkommt in a, b und c (Z. 3 *omĩb;* und Z. 23 *mia;*).

Diese Thatsache, dass der Satz des Ablassbriefes aus dem Jahre 1454 stehen blieb bis ins folgende Jahr, vermuthlich bis zum Ablauf seiner Gültigkeit, also bis Ende April 1455²), lässt das Vorhandensein eines zweiten durchaus gleichlautenden, aber in seinen Typen ganz verschiedenen Druckes des gleichen Briefes für den ersten Blick um so auffälliger erscheinen³). Denn einen so grossen Absatz der Briefe können wir gar nicht denken, dass bei unausgesetztem Abziehen neuer Exemplare ein einziger Satz nicht genügt haben sollte. Man stelle sich doch die vorausgehenden Zeiten vor,

---

¹) An einzelnen Buchstaben sind ferner folgende zu beachten, welche in den drei Exemplaren durchaus übereinstimmende kleinere Schäden aufweisen: Z. 2 *Sāctiſſim'*, *puidētia*, Z. 3 *ɔpatīēs*, *Sıracenos*, Z. 5 *facultatibȝ*, Z. 6 *eligendi*, Z. 7 *debitā*, Z. 8 *excōicationū*, *ſuſpenſionū*, *Interdicti*, Z. 9 *Iniucta*, *que*, Z. 10 *poterint*, Z. 11 *remiſſion⁚*, Z. 13 *ſextis*, Z. 14 *ſequenti*, Z. 15 *cōmode*, Z. 20 *litteris*, Z. 24 *ɔmiſſa*, Z. 25 *exceſſib;*, *excōicationū*, *interdicti*, Z. 31 *claues*, *extendūt*. — Absichtlich gebe ich so zahlreiche Belege, weil mit Hülfe ihrer auch Solche, denen nur einzelne Exemplare dieses Ablassbriefes zugänglich sind, die Richtigkeit der Annahme von dem stehen gebliebenen Satze nachprüfen können.

²) Der Annahme, man habe gleich im Jahre 1454 für das folgende Jahr Abzüge im voraus veranstaltet, widerstreben die immerhin vorhandenen kleinen Abweichungen. Auch liess sich der erforderliche Umfang der Auflage gar nicht vorher übersehen, wie anderseits der Materialwerth des auf Pergament gedruckten Briefes nicht gestattete einen allzu grossen Vorrath auf Lager herzustellen.

³) Für A², von dem aus dem Jahre 1454 nur ein Exemplar bekannt ist (in der Bibliothek des Earl of Spencer in Althorp), welches mir natürlich nicht zugänglich war, konnte ich auch nicht wie bei A¹ durch Vergleichung feststellen, ob der Satz jenes Jahres bis ins folgende Jahr hinein stehen blieb.

in denen jedes Exemplar noch für sich sorgsam in den Kanzleien geschrieben werden musste! Auch die Vermuthung, dass man die Schnelligkeit des Abdruckens im Anfang noch nicht übersehen konnte und deshalb gleich bei zwei verschiedenen Druckereien den Satz bestellte, ist an sich unwahrscheinlich und wird durch eine Vergleichung von A^1 und A^2 völlig ausgeschlossen. Diese lehrt vielmehr, dass ein Druck dem andern zur Vorlage gedient hat. Dafür spricht nicht nur die grosse Uebereinstimmung in der äusseren Anordnung des Textes, sondern namentlich die völlige Aehnlichkeit der beiderseitigen S[1]), von denen eines dem andern nachgeahmt sein muss, noch mehr aber, dass A^1 und A^2 innerhalb der Bibeltypen konsonantisches *u* zwar in *Vniuerfis* (Z. 1), *v* dagegen in *vita* (Z. 21) haben[2]).

Nur Anschluss des einen Druckes an den andern und eine gewisse Nachahmung lässt sich daraus folgern. Im Uebrigen sind die Verschiedenheiten der Typen, des Satzes im weitesten Sinne und mancher Orthographica so zahlreich, so bedeutend und schwerwiegend, dass sie durchaus auf verschiedene Urheber, d. h. zunächst Stempelschneider und Setzer hinweisen. Dieselbe Person, welcher wir die eine Art der Typen und des Satzes zuschreiben, kann unmöglich auch die anderen hergestellt und gesetzt haben, selbst wenn die ersten Typen und Formen etwa durch einen unglücklichen Zufall verloren gingen und ein Neudruck nothwendig wurde. In diesem Sinne haben gewiss Alle diejenigen Recht, welche zwei ganz verschiedene Drucke annehmen; ob daraus mit v. d. Linde (Gesch. d. Erf. S. 866) u. A. zu folgern ist, es habe

---

[1]) Identisch sind sie jedoch keineswegs.
[2]) Die 42-zeilige Bibel, deren Typen mit der fetten Schrift von A^2 bekanntlich übereinstimmen, hat ebenfalls sowohl *u* wie *v* für den Konsonanten; nicht minder die 36-zeilige Bibel nach verschiedenen facsimilirten Proben derselben (z. B. [Eug. Duverger] *Hist. de l'invent. de l'impr. p. l. monum.* [Paris 1840] No. II und in Photolithographie bei Faulmann a. O. Taf. I).

schon im Jahre 1454 zu Mainz neben Gutenbergs erster Werkstätte die Druckerei eines Andern bestanden, soll die folgende Untersuchung lehren. Diese wird aber nicht umhin können, auch noch auf die Hauptfrage des Masses der Verschiedenheit einzugehen. Damit ist aufs engste verknüpft und daher gleichzeitig ins Auge zu fassen die Frage nach der zeitlichen Reihenfolge der beiden Ausgaben. Die Ansichten der Bibliographen darüber schwanken. Für mich ergab sich aus der Erwägung aller Einzelheiten mit mehr als Wahrscheinlichkeit, dass A¹ der frühere Druck ist.

Die Verschiedenheit betrifft zunächst die Form der Buchstaben. Die Bibeltypen für die hervorgehobenen Theile des Briefes lasse ich vor der Hand bei Seite, da hierfür bereits vorhandene Lettern zur Verwendung kamen. Aber im Texte hat A² schräges, A¹ aufrechtes *ſſ* und *ff*. Das einzelne oder mit *t* verbundene *ſ* ist in A², besonders im ersten Theile des Briefes, oft weniger geneigt, häufig ganz gerade (z. B. Z. 3 *miferic.*), in A¹ meist ganz aufrecht; das einzelne *ſ* in beiden Drucken nur ein wenig geneigt. Bei den grossen Anfangsbuchstaben sind, was ein wesentlicher Unterschied ist, die Striche, durch welche in Handschriften die grossgeschriebenen Wörter hervorgehoben zu werden pflegten und die häufig erst der Rubricator zugefügt hat, bereits in den Typen wiedergegeben¹). A¹ liebt ferner die Buchstabenform *ʒ* so sehr, dass sie hier, wenn ich recht gezählt habe, 102 mal vorkommt, in A² dagegen nur 22 mal. A² hat eine Reihe von Buchstabenverbindungen, statt deren A¹ einzelne Typen bietet, nämlich *ſt, bʒ*²), *ct, pp, ij, ff, qʒ;* allein *pp* und *ff* kommt auch in A¹ vereinigt vor. Als *i*-Zeichen steht

---

¹) Diesen vom Typenschneider bei A¹ gemachten Versuch hat die Druckerkunst der nächsten Zeit nicht sogleich festgehalten. Uebrigens sind in den mir vorliegenden Exemplaren des Ablassbriefes A¹ die Zierstriche nicht handschriftlich zugefügt worden, so dass ein dringendes Bedürfniss zur Abkürzung der Arbeit nicht vorlag.

²) In A¹ steht dafür getrennt und in abweichender Form *bʒ*.

in A¹ der Gravis, der Akut und der Punkt (s. S. 61), in A² nur der Akut oder der Punkt; nach *f* ist *i* in A¹ ohne Zeichen, in A² dagegen mit einem solchen. Die Art des Abkürzens ist ohne ersichtlichen Grund völlig verschieden, z. B. in *ipse* u. s. w. bei Weglassung des *s*, indem A¹ einen Strich über den Vokal der Endung setzt (ausser Z. 23 *ip̄is*, wo über dem *i* der Strich nicht mehr Platz hatte)¹), A² dagegen über das *p*; die das *us* der Endungen bedeutende Schleife (ꝯ) steht in A¹ stets über der Linie, in A² auf gleicher Höhe mit dem Haupttheile der Buchstaben²): *papa* vᵒ heisst es (Z. 2) in A¹, p̄p *quitus* in A²³); *Salutē* (Z. 2), *dm̄* (Z. 4), *Aptice* (Z. 7 u. s.), *excōicat.* (Z. 25), *pc̄tis* (Z. 29) steht dort, *Sal'm, dnī, apl'ice* (Z. 6 u. s.), *excoicat.*⁴), *pc̄is* hier. Auch die Orthographie ist zuweilen ganz verschieden, so wenn wir in A¹ Z. 13 *legitio*, in A² *legittimo*⁵), in A¹ Z. 14 f. *quam̄/primū*, in A² *quam/primū*, Z. 8 *fentētiis* in A¹, *fentencijs* in A² lesen. Nehmen wir dazu eine völlig andere Uebung in Bezug auf die grossen Anfangsbuchstaben, indem von Z. 5 an in A² nicht so wie in A¹ die der Bedeutung nach hervorzuhebenden Wörter (Z. 3 *Regni, Subftitutis, Confeffores* usw.) mit grossem ersten Buchstaben gedruckt sind⁶). Als Interpunktionszeichen kommt in beiden Drucken nur der Punkt vor, aber er steht in A¹ auf der Linie, in A² über ihr in mittlerer Höhe des Buchstabens. Ausserdem ist sein Gebrauch in A¹ ein viel häufigerer als in A²; dort vertritt er Punkt und Komma und steht zuweilen

---

¹) In den Handschriften steht der Strich entweder über dem *p* oder über der ganzen zweiten Silbe.

²) Grund davon kann allerdings der geringere Durchschuss in A² sein.

³) Dementsprechend ist Z. 20 in A¹ als Einer der Jahreszahl *V* gebraucht, in A² *quito*.

⁴) Z. 8 steht allerdings auch in A¹ *excōicationum*.

⁵) *legittimus* ist eine handschriftlich in jener Zeit oft vorkommende Schreibung.

⁶) Vielleicht verfügte der Setzer von A² über eine geringere Zahl grosser Buchstaben.

selbst in Fällen, wo nur eine leichte Gedankenpause sich findet. Im ganzen kommt er dort 22 mal vor, in A² dagegen nur 13 mal[1]). Ebenso vermeidet A² den Gebrauch der Bindestriche am Ende der Zeilen; der Setzer wusste es durch Abkürzungen zu erreichen, dass sie nur 2 mal (Z. 4 und 5) vorkommen, während A¹ deren 10 hat. Allerdings sehen wir da auch, welche Schwierigkeit der Gebrauch dieses kleinen Zeichens bereitete (vergl. S. 61), das damals vermuthlich erst bei der Korrectur des Satzes eingefügt wurde und daher nicht mit gleichmässiger Deutlichkeit sich abdruckte[2]).

Die spätere Herstellung von A² scheint mir, abgesehen von manchen schon angeführten Verschiedenheiten, besonders aus der Wahl der grossen Versalie U in Z. 1 für V (so in A¹), des grossen P in *Paulinus* (Z. 1), aus der vereinfachten Type t ($= et$) statt ꝫ (in A¹), aus dem kleineren Format von A²[3]), vor allem aber daraus hervorzugehen, dass Z. 19 zwischen *eoga* .... *merito* in A¹ ein übergrosser Zwischenraum (von 16 Mill.) zur handschriftlichen Ergänzung der Endung freigelassen und vor *merito* ein Punkt eingedruckt ist, was die Folge hatte, dass vor diesem auch nach Ausfüllung der Verbalendung ein unangenehm auffälliger leerer Raum blieb. In A² sind beide Uebelstände vermieden; der ausgesparte Raum beträgt nur 12—13 Mill. und es folgt kein Punkt darauf. Wenn letzterer Druck nicht ganz so korrect ist wie A¹[4]) und namentlich

— — —

[1]) Verschieden zeigt sich auch in der Folge die Anwendung der Interpunktionszeichen in den ältesten Drucken. Es ist dies ein wichtiges Merkmal zur Bestimmung des Druckers.

[2]) Beachtenswerth ist gerade in dieser Hinsicht die Praxis der frühesten Drucker, welche bei den verschiedenen sehr verschieden, bei dem einzelnen dagegen meist sehr gleichmässig ist. Im Catholicon des Gutenberg (1460) fehlen die Bindestriche ganz.

[3]) Die Breite ist in A² nicht geringer als in A¹, wohl aber die Höhe: 14,6 Cent. gegen 16,7 Cent.

[4]) In dem Abdruck des Jahres 1454 von A² soll Z. 15 *olia* für *alia* stehen; vergl. das nicht-photographische Facsimile bei de Laborde a. O. Taf. zu S. 6 und Pertz a. O. S. 709.

ziemlich viele *i*-Zeichen zu fehlen scheinen, so möchte ich daraus
nur auf eine beschleunigte Herstellung desselben schliessen. Zugeben muss ich freilich, dass der allgemeine Eindruck A^1 als eine
vollkommenere typographische Leistung erscheinen lässt: die Buchstaben haben eine gleichmässigere Grösse und Gestalt und auch die
Abstände von einander sind regelmässiger. Obschon die Höhe des
einzelnen Buchstaben in A^1 etwas grösser ist als in A^2, ist das
seitliche Spazium geringer, so dass dieselben Wörter in A^2 nach
der Breite mehr Raum einnehmen als in A^1, ein Unterschied, welcher
durch etwas grössere Länge der Linien und häufigeres Abkürzen
der Wörter ausgeglichen wird. Durch diese feineren Spazien sind
die Buchstaben des einzelnen Wortes in A^1 näher aneinander gerückt
und es ist so grössere Aehnlichkeit mit einer handschriftlichen Ausfertigung der Briefe erzielt. Dies steht indess bei der Annahme
eines anderen Typenschneiders für A^2 in keinem Widerspruch mit
der Behauptung, dass dieser Druck zeitlich auf A^1 folge. Nur wird
grössere Geschicklichkeit und Sicherheit dem Urheber des älteren
Druckes zuzuschreiben sein.

Doch lassen wir einstweilen diesen Punkt und die dabei aus
der Provenienz der Bibeltypen in beiden Drucken sich erhebenden
Bedenken bei Seite und wenden wir uns der Frage zu nach den
Gründen für die Herstellung zweier völlig verschiedener Drucke.
Bei v. d. Lindes allgemeiner Möglichkeit von allerlei denkbaren
persönlichen Beziehungen und Einflüssen (s. S. 57) wird man sich
nicht beruhigen dürfen (vergl. S. 62 f.). Die Annahme zweier verschiedener Auftraggeber für die beiden Drucke scheint mir
unabweisbar. In dieser Annahme werden wir bestärkt, wenn wir
die Ausstellungsorte aller erhaltenen Exemplare des Ablassbriefes
unter sich vergleichen. Es stellt sich dabei die auffallende und
kaum zufällige Thatsache heraus, dass A^1 fast ausschliesslich, d. h.
nur mit einer keineswegs unerklärlichen Ausnahme innerhalb der
Erzdiöcese Mainz ausgegeben wurde, von A^2 dagegen vier der bekannt

gewordenen Briefe der Erzdiöcese Cöln angehören und nur einer, der so allerdings eine sehr bemerkenswerthe Ausnahme bildet, der Erzdiöcese Mainz. Dieses Verhältniss, auf das ich übrigens selbst aufmerksam geworden war, ist bereits von G. H. Pertz a. O. S. 717 beobachtet worden, hat aber nicht die verdiente Beachtung gefunden. Ich stelle im Folgenden die bekannten Exemplare von A^1 und A^2, nach dem Datum ihrer Ausstellung geordnet, zusammen, nebst Angabe der zuverlässigsten Quelle der Nachrichten über sie[1]), des Ausstellungsortes und der Erzdiöcese, zu welcher dieser gehört. Da es für meine Zwecke lediglich auf die Zugehörigkeit zu A^1 oder A^2 und auf die Erzdiöcese, also den Druckort ankommt, abgesehen noch von der Echtheit der Exemplare überhaupt[2]), so lasse ich alle andern die einzelnen Exemplare betreffenden Fragen bei Seite.

A^1 (Einunddreissigzeiliger Druck)[3]).

Lauf. Num.	Beschrieben durch:	Jahr d. Druckes:	Zeit d. Ausgabe:	Ort d. Ausgabe:	Erzdiözese:
1.	Laborde S. 7 f.	1454	15. Nov. 1454	Erfurt	Mainz.
2.	Hessels S. 152, c. 2	(1454)	2. Dec. (1454)	?	? [4])

[1]) Zumeist werde ich auf die bereits angeführten Bücher von L. de Laborde, *Nouv. rech.* etc. und von Hessels, *Gutenberg* etc. verweisen.

[2]) Bei den in der letzten Zeit aufgetauchten Exemplaren dürfen, wie wir noch sehen werden, Bedenken nach dieser Richtung mit Recht erhoben werden. Mit voller Gewissheit kann ich nur die Echtheit derjenigen Exemplare beurtheilen, welche ich selbst gesehen habe. Es ist mein Wunsch, dass meine Ausführungen namentlich die Besitzer neuerworbener Exemplare zu einer sorgfältigen Prüfung derselben veranlassen mögen.

[3]) Mit kursiven Typen ist die Nummer 12 gedruckt, von der es keine so zuverlässige Beschreibung gibt, dass ihre Zugehörigkeit zu dem einen oder anderen Drucke sowie ihr Ausstellungsort zweifellos feststeht. In runde Klammern sind die nicht unmittelbar überlieferten Angaben gestellt.

[4]) Der rechte Theil dieses von Hessels in der Herz. Bibliothek zu Wolfenbüttel gefundenen Briefes fehlt und damit der Ausstellungsort. Der erste Versalbuchstabe ist spitzwinkliges V, so dass die Zugehörigkeit zur

3.	Laborde S. 8 (mit Facsimile nach S. 4)	1454	31. Dec. 1454	Mainz	Mainz.
4.	Laborde S. 8 (mit Facsimile nach S. 8)	1454	2. Jan. 1455	Einbeck	Mainz.
5.	Nach d. Original (vergl. Laborde S. 8)	1454	27. Jan. 1455	Lüneburg	Mainz.
6.	Hessels S. 152, c. 6	1454	28. Jan. 1455	Lüneburg	Mainz.
7.	R. Nyerup[1])	1454	29. Apr. 1455	Kopenhagen	**Hamburg-Bremen[2])**.
8.	Nach d. Original (vergl. Hessels S. 152, c. 8)	1454	30. Apr. 1455	Hildesheim	Mainz.
9.	Arth. Wyss[3])	1454	?	Erfurt	Mainz.
10.	Dibdin[4],	1455	7. März 1455	Würzburg	Mainz.
11.	L. Stacke[5])	1455	24. März 1455	Nürnberg	Mainz.
12.	*Laborde S. 10*	*1455*	*28. März 1455*	*Erfurt*	Mainz.
13.	Hessels S. 153, d. 4	1455	10. Apr. 1455	Goslar	Mainz[6]).

Gruppe A[1] gesichert ist. Der Name der Empfängerin ist übrigens, wie Herr Oberbibliothekar von Heinemann freundlichst mir mittheilte, Gese Bertol, nicht Beseb'tol (nach Hessels).

[1]) S. *Antiqv. Annaler III 2, H.* (1820) *Tab. I* (Facsimile); vergl. S. 214 ff.

[2]) Ausgestellt wurde dieser Brief für *Petrus Henrici canonicus ecclesiae Beatae mariae Virg. Haffenensis* durch *Conradus Winter subdeputatus*.

[3]) A. Wyss hat zuerst, wie er mir freundlichst mittheilte, von diesem im Staatsarchiv zu Marburg aufbewahrten Exemplare Nachricht gegeben (Quartalbl. d. hist. Ver. f. d. Grossh. Hess. 1879 S. 24; vergl. v. d. Linde, Gesch. d. Erf. S. 843). Dem Exemplare fehlt der vordere Theil, etwa ein Drittel.

[4]) *Biblioth. Spenc. I* S. XLIV ff.; vergl. Hessels S. 153 d. 1.

[5]) Deutsche Geschichte II (Bielefeld 1881) S. 60 f. mit Facsimile (s. v. d. Linde, Gesch. d. Erf. S. 843).

[6]) S. auch v. d. Linde, Gesch. d. Erf. S. 843. Herr von Heinemann hatte die Freundlichkeit mir dessen Angaben sowie spitzwinkliges V brieflich zu bestätigen.

14.	Hessels S. 153, d. 5	1455	13. Apr. 1455	Würzburg	Mainz.
15.	Hessels S. 153, d. 6	1455	21. Apr. 1455	Constanz	Mainz.
16.	Hassler¹)	1455	28. Apr. 1455	St. Gallen	Mainz.
17.	Laborde S. 10 (z. Th. m. Facsimile)	1455	29. Apr. 1455	Würzburg	Mainz.
18.	Nach d. Original	1455	29. Apr. 1455	Göttingen	Mainz³)
19.	Hessels S. 153, d. 10²)	1455	30. Apr. 1455	?	?⁴)

A² (Dreissigzeiliger Druck).

1.	Laborde S. 6 (mit Facsimile)	1454	27. Febr. 1455	Cöln	Cöln⁵).
2.	Arth. Wyss⁶)	1455	29. März 1455	Cöln	Cöln.
3.	Nach d. Berliner Original	1455	11. Apr. 1455	Werla	Cöln⁷).

¹) S. in Verhandl. d. Ver. für Kunst u. Alt. in Ulm. XI. Bericht (1857) S. 34.

²) Vergl. S. 59 Anm. 2.

³) Nur der untere Theil des Briefes ist erhalten. Nach einer brieflichen Nachricht des Herrn von Heinemann gehört das Bruchstück sicher zum Drucke A¹.

⁴) Ueber verschiedene unbenutzte Exemplare dieses Druckes, welche theils die Zahl 1454, theils 1455 tragen, steht Näheres bei Hessels S. 152 und 154. Das daselbst S. 154 No. 14 erwähnte unbenutzte Exemplar aus der Sammlung Culemann (Inv. II 379) konnte ich selbst in Göttingen prüfen (vergl. S. 73) und mich von der Echtheit beider Stücke, als denen es zusammengesetzt ist, überzeugen. Uebrigens erkannte ich aus der Spazionirung des unteren Stückes (zweier Zeilen), dass dieses zu dem Drucke A¹ von 1454 gehört, während das obere die Jahreszahl 1455 trägt.

⁵) Vergl. Pertz a. O. S. 709. Das Facsimile ist wiederholt bei v. d. Linde, Gesch. d. Erf. S. 864.

⁶) Nachdem mich Herr Archivrath Dr. Könnecke in Marburg freundlichst auf diesen noch unbekannten, in der Dombibliothek zu Fritzlar befindlichen Ablassbrief aufmerksam gemacht, hatte Herr Dr. Arth. Wyss die Güte, mir auf meine Bitte über diesen ihm bereits bekannt gewesenen Brief die nöthigen Angaben mitzutheilen. [S. Nachtrag.]

⁷) Vergl. Pertz a. O. S. 709 f. mit Facsimile.

4. Sotzmann[1])   1455   24. Apr. 1455   Braunschweig   **Mainz**.
5. H. Noel   1455   29. Apr. 1455   Neuss   Cöln.
   Humphreys[2])

Die vorstehende Zusammenstellung zeigt zunächst deutlich, wie das Erzbisthum Mainz, weitaus das grösste in Deutschland, welches für den cyprischen Ablasshandel daselbst der Ausgangspunkt und Hauptsitz war, auch das Hauptabsatzgebiet bildete für diese Briefe. Die Gruppe A^1 ist fast ganz darauf beschränkt. Wenn No. 7, ein Exemplar das zu Kopenhagen, also in der Erzdiöcese Hamburg-Bremen, ausgestellt wurde, eine Ausnahme macht, so ist zu bedenken, dass natürlich alle Gläubigen ausserhalb, doch in der Nähe jener beiden Erzbisthümer, welche von dem Ablass Gebrauch machen wollten, soweit es nicht päpstliche Spezialbevollmächtigte für ihre Gegend gab, auf den von Mainz (oder von Cöln) aus geleiteten Vertrieb der Briefe angewiesen waren. Dass also Mainzer Briefe, um die Exemplare A^1 so zu nennen, auch ausserhalb dieses und des Cölner Bisthums vorkommen, hat nichts Befremdliches. Sehr auffällig dagegen ist unter dem von Pertz hervorgehobenen Gesichtspunkte der Verkauf von Cölner Ablassbriefen innerhalb der Mainzer Erzdiöcese. Auch hilft die — von mir nicht getheilte — Vermuthung, A^2 sei der ältere und zunächst einzige Druck gewesen und daher ebenso in dem Erzbisthum Mainz wie Cöln, nachher aber bloss im Cölnischen vertrieben worden, nicht darüber hinweg. Denn A^1-Drucke gab es jedenfalls schon 1454, und doch findet A^2 noch im folgenden Jahre sich sowohl in

---

[1]) Im Serapeum IV (1843) S. 277. Vergl. auch Pertz a. O. S. 710 f. und Hessels S. 166 c. 2. Ausgestellt wurde der Brief von *Hinricus Kriter presbiter, in premissis deputatus*. Irrthümlich wird, wie Herr von Heinemann mir brieflich bestättigte, das Exemplar von Laborde S. 8 der 31-zeiligen Ausgabe zugezählt. Vergl. auch S. 78.

[2]) *Hist. of the Art of Print*, 2d iss. (London 1868) Pl. 12 (photolithographisches Facsimile). Ein Facsimile, doch kein photographisches, findet sich auch bei Laborde zu S. 7.

der Mainzer wie in der Cölner Erzdiöcese. Unter diesen Umständen muss man wohl, falls nicht persönliche Gründe irgend welcher Art auf Seiten des Ablassempfängers oder Ablassausstellers massgebend waren, für die Stadt Braunschweig ganz besondere uns unbekannte Verhältnisse annehmen. Vielleicht unterhielt die Geistlichkeit Braunschweigs nähere Fühlung mit den geistlichen Behörden der Cölner Erzdiöcese, und Mainz, welches schon an dem eigenen Bisthum ein sehr grosses Absatzgebiet für seine Briefe hatte, zudem für den ausgebreitetsten Vertrieb des Ablasses am meisten interessirt war, mochte es gern geschehen lassen, dass die von Cöln aus mit dem Handel Betrauten diesen auch auf Nachbarstädte der Mainzer Erzdiöcese ausdehnten[1]).

Folgen wir der von Hessels S. 165 c. gegebenen Aufzählung von Briefen der Gruppe A[2], so wäre noch eine zweite Ausnahme zu verzeichnen von der durch Pertz beobachteten Regel. Unter 1. erwähnt er einen in Hildesheim, also der Erzdiöcese Mainz, am 22. Februar 1455 ausgestellten Ablassbrief, den er 1881 in der Culemann'schen Sammlung zu Hannover sah. Er giebt auch an, dass der Brief für den Hildesheimer Bischof Magnus ausgestellt sei. An dem krausen Latein der Ausstellung scheint Hessels einigen Anstoss genommen zu haben, dass Bischof Magnus bereits 1452 (am 21. September) gestorben ist, übersah er völlig. Potthasts *Bibl. hist. med. aev. Suppl.*, welches Buch ihm in Darmstadt so gute Dienste gethan hat (s. Gutenb. S. 112), war ihm in Hannover und später daheim offenbar nicht zur Hand[2]). Wir haben es, um es kurz zu sagen, bei diesem Briefe und den unausgefüllten der Culemann'schen Sammlung, von denen Hessels a. O. unter No. 3 einen anführt, mit modernen Nachbildungen zu thun, wie ich

---

[1]) Vergl. auch S. 78.
[2]) Vergl. Potthast a. O. S. 331 und P. Bonif. Gams, *Ser. episc. eccles. cath.* (Ratisbonae 1873) S. 282 nach dem *Chron. Hildesh.* in Pertz Monum. IX (= Script. VII) p. 873.

mich durch den Augenschein überzeugen konnte. Mit zuvorkommender Liebenswürdigkeit hat der Direktor des Kästner-Museums zu Hannover, in welches jene Sammlung übergegangen ist, Herr Dr. C. Schuchardt aus ihren noch unausgepackten Kisten vier Exemplare des Ablassbriefes mit dem runden U (Inv. II 382, 383 und 384 [2 Exemplare]), darunter jenes ausgefüllte, herausgesucht und mir ihre eingehende Vergleichung mit dem Berliner Exemplar zuerst auf der Königlichen Bibliothek in Berlin (im Laufe des letztvergangenen Herbstes), sodann auf der Göttinger Universitätsbibliothek ermöglicht. Alle vier Exemplare, zwei davon auf Pergament, zwei ganz ungewöhnlicher Weise auf Papier gedruckt, sind nicht typographisch, sondern durch modernen Kunstdruck, vermuthlich Lithographie, hergestellt. Unter sich stimmen sie in allen auch den kleinsten Einzelheiten so vollständig überein, dass sie unzweifelhaft von derselben Platte abgezogen sind. Besonders charakteristisch sind Z. 1 Cōſ.[1]), gen., Z. 2 Afflictiōi, Z. 3 cruc., xpifidel., Z. 4 dn̄i MCCCCLII (Flecke über ni), defeſ., Z. 6 apl'ice referu., Z. 7 deb., Z. 9 forſan innod., abſ., Z. 10 propter, pc̄ōq, Z. 11 plen., Z. 12 Satiffact., tūc. Z. 13 legitt., p̄cepto, Z. 14 imp. (Fleck unter m). Z. 19 merito huiufm., debeī. Z. 20 p̄ntibɔ, menſis, Z. 21 rem., Z. 22 tui, aūcte, Z. 23 apl'oq. caſibɔ, Z. 24 referu., Z. 25 plen., tnoq (so für tuoq), Z. 26 extend., Z. 27 rem., Z. 28 Mifer., Z. 30 pc̄ōq. Das Berliner ganz unverdächtige Exemplar weicht in diesen und unzähligen andern Einzelheiten von jenen ab, was sich freilich auch durch die Annahme eines neuen Satzes ausreichend erklären liesse, nicht jedoch durch die einer neuen Ausgabe mit kleineren Veränderungen (so Hessels S. 164 f.). Völlig entscheidend spricht gegen Typen- oder Holztafeldruck, dass keiner der Buchstaben, selbst nicht die grossen Versalien, eine Spur von

---

[1]) Der oder die Buchstaben, auf welche ich aufmerksam machen will, sind fett gedruckt.

Randeindruck zeigen, auch nicht unter der Lupe, während der Berliner Ablassbrief und die Göttinger Originale einen solchen auch bei unbewaffnetem Auge leicht erkennen lassen. Ferner zeigen alle vier Exemplare — übrigens meist an denselben Stellen — eine Menge kleiner über die ganze Blattfläche zerstreuter Fleckchen und Pünktchen, die unter der Lupe genau dieselbe Schwärze zeigen wie die Buchstaben und anscheinend von einer nicht ganz reinen Platte oder noch eher vom Radiren auf der Platte herrühren, durch welches Farbetheilchen auf die Umgebung übertragen wurden, während die Typendrucke, bei denen das Buchstabenbild ja noch absteht von der Grundfläche, solche Flecke nicht aufweisen.

Freilich ist einer der pergamentenen Briefe, wie erwähnt, ausgefüllt und am untern Rande mit dem angeblichen Reste eines Pergamentbandes versehen, an welchem ein Siegel gehangen haben soll, wie an echten Ablassbriefen. Dass aber gerade die Ausfertigung des Briefes ihn als sicher gefälscht erscheinen lässt, so dass auch das R auf der Rückseite ihn nicht zu retten vermag, sahen wir zum Theil bereits. Ich halte deshalb auch die Möglichkeit für ausgeschlossen, in jenen vier Exemplaren harmlose moderne Abdrücke zu sehen, die etwa als Proben oder zur Schonung des Originals für die Benutzung hergestellt wurden. Für solche würde auch kaum Pergament als Material gewählt worden sein und bei den papierenen Exemplaren nicht solches, das wirklich dem 15. Jahrhundert anzugehören scheint und wahrscheinlich irgend einer Inkunabel oder Handschrift des 15. Jahrhunderts entnommen ist. Das eine der Blätter hat nämlich ein Wasserzeichen, das eigenthümliche P, das in verschiedener Gestalt in älteren Papiersorten sich findet[1]). Uebrigens sehen die Papierblätter und das unausgefüllte Pergamentblatt höchst sauber und wohlerhalten aus; nur

---

[1]) Vergl. Midoux *et* Matton, *Étude s. l. filigr. d. pap. empl. en France au 14. et 15. s.* (Paris 1868) No. 37, aus dem Jahre 1474 nachgewiesen.

der ausgefüllte Brief ist auf der Rückseite schmutzig und hat zwei Brüche von einfacher Faltung, abgesehen von dem unteren Einschlag, der die Unterschrift schützen sollte. Die Farbe der Schwärze ist unter der Lupe wesentlich dunkler und frischer als auf den echten Briefen; sie liegt sehr leicht auf und ist namentlich auf dem untern Theile der Papierexemplare schlecht zum Abdruck gelangt oder wieder abgesprungen. Der allgemeine Schriftcharakter der Buchstaben, der grossen wie der kleinen, und namentlich auch die Spazionirung[1]) ist mit dem der echten Exemplare überaus ähnlich; doch fehlt den unechten Briefen die Regelmässigkeit und Gleichmässigkeit der Buchstaben und Zeilen, welche auch die Exemplare von A^2 haben. Mehrere hervorragende Sachkenner, denen ich in Berlin und in Göttingen die Briefe zugleich mit meinen Bedenken vorlegte, traten ohne Ausnahme meiner Ansicht bei; nicht minder ein erfahrener Göttinger Lithograph, welcher die echten und unechten Drucke leicht von einander schied.

Das aber scheint noch erwogen werden zu müssen, ob etwa von einem echten Ablassbriefe auf photographischem Wege jene Exemplare nachgebildet worden sind, so dass aus den Fälschungen ein Rückschluss auf die Existenz eines entsprechenden Originals gezogen werden dürfte. Wir hätten dann einen vom Berliner und Fritzlaer Exemplar — die anderen habe ich nicht gesehen — bei aller Aehnlichkeit im Satz doch völlig abweichenden Druck. Ich habe indess Gründe, für die vier Culemann'schen Exemplare jene Möglichkeit stark zu bezweifeln und vielmehr an Steindruck nach einer handschriftlich angefertigten Vorlage zu denken. An vielen Stellen, besonders stark aber auf Z. 9 und 10 a. E. scheint die Vorlage durch Radiren korrigirt worden zu sein, was auf einem typographischen Exemplare zwecklos war. Ferner haben einzelne Buch-

---

[1]) Dagegen ist die Höhe der Schrift in den unechten Exemplaren etwas geringer. Der Unterschied beträgt beim ganzen Text eine knappe Zeile.

staben trotz unleugbarer grosser Geschicklichkeit des modernen Schreibers eine für Typen unmögliche Form erhalten; z. B. auf Z. 22 ist in tui der erste senkrechte Strich von *u* oben so stark nach rechts gerundet, dass der Buchstabe einem *ci* ähnlich sieht; Z. 21 sind or in Forma einander so nahe gerückt wie beim Typendruck kaum möglich ist ohne Ligatur der Buchstaben, welche doch in Z. 27 sich nicht findet. Vor allem auffällig ist in Z. 19 das Wort *debet*. Der Ersatzstrich für *n* steht, was für typographische Herstellung kaum möglich ist, über *et* zugleich und hängt dabei deutlich mit dem *t* zusammen. In allen andern Ablassbriefen steht der Singular *debet*, der durch übergesetzten Strich handschriftlich in den Plural verwandelt wurde, wenn der Brief für mehrere Personen zugleich ausgestellt wurde. Offenbar hatte der Lithograph hierbei ein Exemplar vor Augen, wo über das *e* ein etwas lang gerathener Strich geschrieben war. Er liess sich dadurch täuschen und nahm ihn in sein Falsifikat auf. Z. 25 freilich, wo a. E. *tnoq* steht für *two*q, möchte man zuerst an ein umgestürztes *u*, also an Letternsatz denken; doch lässt sich auch ein einfaches Versehen des Schreibers oder ein undeutliches *u* der Vorlage, die er ganz getreu nachahmen wollte, oder endlich raffinirte Absicht annehmen.

Es bleibt mir noch übrig, über den Wortlaut der Ausstellung des ausgefüllten Ablassbriefes einiges zuzufügen. Der Fälscher war offenbar des Lateinischen sehr wenig kundig, konnte aber alterthümliche Schrift ziemlich gut nachahmen, war also vermuthlich ein geschickter Lithograph. Z. 18 ist der vorgedruckte Plural *denoti* nicht handschriftlich in den Singular geändert, obschon nur ein Ablassempfänger genannt wird, vermuthlich weil die Vorlage den Plural bot ebenso wie in ihr der Plural *debet* stand (s. oben). Daneben lag aber wohl noch ein anderes Exemplar oder Facsimile eines solchen vor mit einer genannten Person, auf welche sich dann der Singular *erogajvit* bezog, wie im Culemann'schen Briefe steht. *denoti* hielt der Schreiber für den Genetiv und richtete darnach die folgenden geschriebenen Worte ein, wobei er sich unfähig zeigt Genetiv und Dativ der 2. und 3. lateinischen Deklination richtig zu unterscheiden. Die ganze Stelle lautet also[1]): *Et quia deuotij et Religiofi, illuftri et nobili Dñi Magni epifcopi Cathed' in Ciui^{ie} hildenshems*[2]) *fiuxta dictum indultū* || *de facultatibus fuis pie erogaJvit [merito huiufmodi indulgentijs gaudere debĕt*. . . . || . . . *Datũ] in hildenöhem* [so ganz deutlich!] [*Anno dñi MCCCCL quito die veroJ XXII* ⌐ *[menfis] februarij* . Am unteren linken Rande stehen von gleicher Hand die ganz deutlichen, aber sinnlosen Worte: *Dedit ad teftam* (sollte heissen *cistam*) || *fcdm Confcufio* ||. Die letzten Buchstaben des letzten Wortes können vielleicht auch etwas anders gelesen werden[3]). Rechts unten in gleicher Höhe steht ebenso deutlich und sinnlos: Hêmgus Tacke Condep3[4]) || In ‚pmil3 Deputatul3 [so!]. Auf der Rückseite des Blattes steht gerade in der Mitte ein R (ohne Zusatz von *a* oder *ta* rechts oben). Im gleichen mittleren Felde von neuer Hand (ohne antikisirendes Bemühen): No. 312 reg. || Ablas für Bischoff Magnus || von Hildesheim.

Ueber die Provenienz erfahren wir von Hessels a. O., dass Culemann eine Bemerkung beigefügt hatte folgenden Inhaltes: „*Edwin Tross had obtained this copy at Hildesheim in 1850, together with other vellum documents, to be sold to gold beaters in France*'. Von wem die Fälschung ausgegangen, das zu ermitteln ist nicht meine Aufgabe. Die Schreibung *hildenöhem* für *hildenshem* spricht für einen Nicht-Deutschen. Anderseits muss ich gestehen, dass die

---

[1]) Das Gedruckte ist durch eckige Klammern abgesondert.

[2]) Mit anderer (schwärzerer) Dinte ist am ersten *s* oben ein Häckchen angesetzt. Derselbe Korrector scheint schon vorher den Strich über das *n* in *Dñi* geschrieben und an das *t* in *erogavit* (Z. 19) einen zierlichen Schwanz und in Z. 20 nach XXII eine geschwungene Linie zur Füllung zugefügt zu haben.

[3]) Vermuthlich hatte die Vorlage *Confcietiā* oder *Confciam* wie A[1] No. 8.

[4]) Nach Analogie von *condiscipulus* scheint ein *condepiscopus* gebildet zu sein!

Unterschrift sehr an das in Hildesheim durch *Hericus*[1]) *Tacke* ausgestellte Göttinger Exemplar erinnert (s. oben A¹ No. 8). In ihm ist auch *debet* handschriftlich in *debēt* geändert (s. S. 76).

Diese von Hessels aus der Culemann'schen Sammlung angeführten unechten Exemplare bilden allein mit dem Wolfenbütteler Exemplare (s. oben A² No. 4) eine besondere Gruppe des Druckes A² für sich, die dem Jahre 1455 angehört, aber auf Z. 18 nicht *Juxta* wie das Berliner Exemplar, sondern *iuxta* liest. Der Umstand, dass das Wolfenbütteler auch allein von den fünf bekannten Exemplaren des Druckes A² dem Erzbisthum Mainz und nicht Cöln angehört, macht es doppelt interessant. Gern hätte ich daher mit eigenen Augen mich von der Echtheit desselben überzeugen und die Eigenthümlichkeiten des Druckes prüfen mögen; seine Zusendung durch die Post wurde mir jedoch auf Grund der bekannten v. Heinemann'schen Novelle zur Benutzungsordnung der Wolfenbütteler Bibliothek abgeschlagen[2]). Die Zugehörigkeit des Druckes A² zum Gebiete der Cölner Erzdiöcese wird auch durch die eine Ausnahme nicht unwahrscheinlich gemacht, um so weniger, als ja in der noch stärker vertretenen Gruppe A¹ das Erzbisthum Mainz fast allein vertreten ist.

Bei dieser Sachlage erscheint die Annahme verschiedener Auftraggeber für die beiden Drucke des Ablassbriefes völlig erklärlich. Ob es die beiden erzbischöflichen Kanzleien unmittelbar oder zwei verschiedene von Paulinus Chappe zunächst mit dem Ablasshandel betraute Delegirte waren, ist eine Frage, die mehr die Geschichte

---

[1]) Der unter *e* stehende Strich über *p* in *p̄miß* kann mit *e* zusammen leicht für *ę* gelesen werden.

[2]) Nicht verschweigen darf ich, dass mir infolge einer besonderen Eingabe an das Herzogl. Braunschweigische Staatsministerium von Wolfenbüttel aus mit grosser Güte angeboten wurde, das Exemplar durch einen Wolfenbütteler Beamten kostenfrei nach Göttingen zur Benutzung überbringen und zurücknehmen zu lassen, doch glaubte ich unter diesen Umständen vorläufig lieber auf die Benutzung verzichten zu müssen.

dieses Ablasses, als unseres Druckes betrifft. Wandten sie sich nun an eine und dieselbe Druckerei? Oder sind wir genöthigt, wie die meisten Bibliographen thun, zwei verschiedene Druckereien anzunehmen? Auf Grund der früher nachgewiesenen starken Verschiedenheiten der Typen und des Satzes scheint schnell die letztere Frage bejaht werden zu müssen. Sie scheint es aber auch nur. Denn da erheben sich sofort wesentliche Schwierigkeiten wegen der in beiden Drucken gebrauchten Bibeltypen. Beide Arten, wenn auch unter sich verschieden, weisen auf Drucke hin, die mit grösstem Recht für Gutenbergisch gelten. Zunächst steht das fest von A^2. Von den drei grossen Versalien (V, M, M) abgesehen, stimmen die Typen, wie ich auf Grund sorgfältiger Vergleichung bestätigen kann, durchaus mit denen der 42-zeiligen Bibel[1]). *P* allein von Z. 1 findet sich dort nicht wieder; auch scheint das geneigte *ſ*, welches auf Z. 1 im Worte *Vniuerſis* vorkommt, dem Briefe eigenthümlich zu sein. Die Neigung des *ſ* stimmt mit der des *ſ* und *ſ* der Texttypen überein (s. S. 64) und wurde vermuthlich durch Herrichtung eines vorhandenen geraden *ſ* erreicht. Nur in jenem Worte haben es die fetten Typen; nachher scheint die Aenderung des Buchstabens als stilwidrig aufgegeben worden zu sein. Ausserdem glaubte ich hinsichtlich der grösseren Typenart zu bemerken, dass die Buchstaben im Briefe schärfer ausgedrückt sind an den Spitzen und Rändern und daher frischer zu sein scheinen als wenigstens im hiesigen Exemplare der Bibel[2]). Die Ablassbriefe deshalb für älter zu halten wäre verfehlt. Wohl aber möchte

---

[1]) Die Göttinger Universitätsbibliothek ist im Besitz eines auf Pergament gedruckten vollständigen Exemplares der 42-zeiligen Bibel (in 2 Bänden). In v. d. Lindes Verzeichniss der Exemplare (Gesch. d. Erf. S. 871 ff.) fehlt dasselbe. Es gehört zu der auch im Anfang mit 42 Zeilen gedruckten Ausgabe. Jak. Grimm gab eine kurze Nachricht davon in der Kassel'schen Allgem. Zeitung 1836 No. 294.

[2]) Auch die ersten Blätter des I. Bandes machen im Göttinger Exemplare keine Ausnahme hiervon.

ich daraus schliessen, dass als es galt den zweiten Druck der Briefe herzustellen, noch ein kleiner Vorrath unbenützter Lettern zur Verfügung stand oder neue nach den Formen gegossen wurden. Vom *P*, einem der meistgebrauchten Buchstaben, waren Formen und Lettern vermuthlich nicht mehr gut genug, so dass dieser Buchstabe allein — nunmehr in etwas veränderter Gestalt — neu angefertigt wurde. Die grosse Korrectheit der Drucke des Ablassbriefes lehrt ja, mit wie peinlicher, den Traditionen der päbstlichen Kanzlei durchaus entsprechender Sorgfalt die Herstellung dieser Schriftstücke in allen Aeusserlichkeiten überwacht wurde.

Gerade die auf mechanischem Wege zu erzielende rasche Vervielfältigung völlig übereinstimmender und völlig korrecter Kopien des Briefes, welcher für den redlichen Käufer und Besitzer durchaus die Bedeutung einer Urkunde hatte und daher in jedem Worte und Buchstaben den Anforderungen notarieller Genauigkeit entsprechen musste, machte die Anwendung der Typographie für die Agenten des Ablasshandels besonders werthvoll. Die mühevolle und doch durchaus unerlässliche Arbeit des Korrigirens, für die nicht jeder des Schreibens Kundige zu verwenden war, wurde einmal statt vielleicht tausendmal gemacht. Dass jene Delegirten des Ablasshandels oder die einzelne Person an ihrer Spitze scharfen Blickes die Vortheile der neuen Kunst erspähten und sofort für ihre Zwecke ausnutzten, rechtfertigt offenbar das von Rom aus in ihre Gewandtheit und Weltklugheit gesetzte Vertrauen. Die Ablassbriefe bezeichnen aber überdies noch in einer Beziehung einen typographischen Fortschritt von grösster Wichtigkeit, den wir zum Theil auf ihren geistigen Urheber, die Kanzlei des Ablasshandels, zum Theil auf den Drucker oder Typenschneider werden zurückführen müssen. Sie sind nicht nur die ersten bekannten Drucke mit einer gedruckten Zeitangabe, sondern vor allem, was bisher nicht genügend hervorgehoben wurde, die ersten Drucke mit einer an die gewöhnliche Kanzlei-Kursivschrift sich enganschliessenden

Typenart[1]). Diese, und nicht die steife, feierliche Donat- und Bibeltype hat sich, nachdem sie einmal zur Anwendung gekommen, sofort als ebenso leserlich wie raumsparend eingebürgert und den Gebrauch jener auf ein kleines Gebiet eingeschränkt. Dass seitens der geistlichen Ablassbehörde ein bestimmender Einfluss auf diese Neuerung stattfand, möchte ich aus der Thatsache schliessen, dass von den Texttypen der Ablassbriefe andere Druckreste oder auch nur Spuren solcher sich nicht mehr gefunden haben. Es wird eben die Herstellung der Typen wie auf Anregung so ganz auf Kosten jener Behörde gegangen sein, welche schon um etwaigen Missbrauch der Typen zu einem Nachdruck der Briefe zu verhindern, alle zugehörigen Formen in eigene Verwahrung nehmen musste. Das konnte um so leichter geschehen, wenn die Typen eigens für diesen einen Zweck geschnitten und gegossen waren. So erklärt sich auch aufs einfachste, dass der Satz so lange stehen blieb, wie wir sahen, vor allem aber, dass für einen anderen Druck des Briefes alles neu hergerichtet werden musste. Auch für ihn war wie für den früheren Druck ein durch längere Zeit sich wiederholender Gebrauch vorgesehen. Am gleichen Orte, in Mainz, wäre ein solcher auch von verschiedenen Seiten her bei gutem Willen sehr wohl möglich gewesen, indem jede subdelegirte Ablassbehörde sich leicht von der Centralstelle aus so viele Exemplare liefern lassen konnte, wie sie brauchte. Nicht ebenso am fremden Orte. Für diesen musste, um gleiche Sicherheit und Bequemlichkeit zu erreichen, der ganze Apparat wie für den ersten Druck neu geschaffen werden. Ohne Zweifel war er dem engbegrenzten Zwecke gemäss auf das nothwendigste beschränkt[2]). Daher waren auch die

[1]) Ausserdem kommen in ihnen zuerst gedruckte Kapitalbuchstaben zur Anwendung. Vielleicht haben wir hierin den Einfluss und das Verdienst Peter Schoeffers zu erkennen.

[2]) Unter diesem Gesichtspunkte ist es erklärlich, dass selbst das Schriftchen ‚Eyn manung der cristenheit widder die Durken' (aus dem Ende von 1454), 5 bedruckte Blätter zählend mit leerer letzter Seite,

Formen und Lettern, als die Frist für die Ausgabe der Ablassbriefe verstrichen war, zu wenig mehr zu gebrauchen, zumal in den Händen der geistlichen Behörden. Für diese hatte wohl vorher ein Mitglied oder Gehülfe die nöthigsten Handgriffe gelernt, die zur Vervielfältigung des Satzes und zu leichten Aenderungen erforderlich waren. Neue Lettern nach den Formen zu giessen, daran dachten die geistlichen Besitzer natürlich nicht. Ihr Druckgeräth kam in Vergessenheit und Verfall und die ersten Drucke mit den ersten kursiven Texttypen blieben auch die einzigen[1]).

Ich habe es nach Pertz als wahrscheinlich zu erweisen gesucht, dass für Cöln ein besonderer Druck des Ablassbriefes veranstaltet wurde. Dass es in Cöln selbst geschah, ist darum keineswegs nothwendig, aus besonderen Gründen sogar völlig unwahrscheinlich. Nur in dem eben Anm. 1 dargelegten, doch sehr beschränkten Sinne könnte ich Cöln als zweiten Druckort gelten lassen und mich dabei noch auf die bekannte Stelle der Cölner Chronik von 1499 berufen, worin Cöln als die erste Stadt genannt wird, in welche von Mainz aus die neue Kunst kam (Bl. 312a = Chron. d. deutsch. Städte Bd. XIV S. 794). Mehr dürften wir aber aus diesem Zeugniss, zumal es von einem Cölner (Ulrich Zell) ausgeht, und aus

---

welche Schrift sich doch im Grunde an das nämliche Publikum wendet wie die Ablassbriefe, nicht mit der Texttype dieser gedruckt ist, sondern mit der sogen. Pfister'schen Type, d. h. der der 36-zeiligen Bibel, welche in A¹ nur nebenbei zur Verwendung kommt.

[1]) Dass übrigens auch Solche, die nicht von Beruf Drucker waren, insbesondere Geistliche, um die Mitte des 15. Jahrhunderts für ihren eigenen Gebrauch sich eine Presse und Holz- oder Steintafeln hielten zur Vervielfältigung von Tafeldrucken oder Blockbüchern, geht aus der von Hessels, Haarlem S. 16 beigebrachten Stelle (nach E. van Even, L'anc. éc. de peint. de Louvain, Bruxelles 1870 S. 104 = Messager des sci. hist. de Belg. Gand 1866 S. 289) mit Sicherheit hervor. In gleicher Weise, nehme ich an, haben die beiden Ablassbehörden von Mainz und Cöln das zum Drucken der Briefe nöthige Geräth sich von Gutenberg verschafft und benutzt.

obigem Umstand nicht folgern wollen. Denn die frühesten sicher selbstständigen Cölnischen Drucke weisen auf eine wesentlich spätere Zeit hin und vor allem lässt sich keine der in den beiden Drucken des Ablassbriefes gebrauchten Bibeltypen in irgend welche Beziehung zu Cöln oder einem Cölner Drucker bringen. Beide weisen vielmehr allein auf Mainz hin.

Geht nun aus dem Gesagten das Bestehen zweier Druckereien zu Mainz für das Jahr 1454 mit unumstösslicher Gewissheit hervor? Ich glaube, nein. Die Pfister-Hypothese zunächst lässt sich meines Erachtens kurz und schlagend mit dem schon von Bernard a. O. II S. 25. 53 f. geltend gemachten Grunde zurückweisen. Wie war es nämlich möglich, wenn Pfister den Druck A^1 des Ablassbriefes hergestellt haben soll, dass er zwar in diesem mit grossem Geschick und unzweifelhaftem Erfolg eine Texttype herzustellen unternahm, später aber diese der wachsenden Gunst des Publikums sich erfreuende Neuerung aufgab und viele Jahre hindurch ausschliesslich mit der einzigen, allmählig abgenutzten Bibeltype sich begnügte?

Auch nach Ausscheidung Pfisters bleibt uns noch die Wahl unter verschiedenen Möglichkeiten. Um sie zu beschränken und die annehmbarste herauszufinden, müssen wir die Thatsache uns gegenwärtig halten, dass die grösseren Typen des Druckes A^2 mit denen der 42-zeiligen Bibel übereinstimmen, diese aber mit allergrösster Wahrscheinlichkeit als Gutenbergs Werk bezeichnet wird (vergl. oben S. 37 f. und Bernard a. O. I S. 177 f.). Sie war jedenfalls vor dem 15. August 1456 fertig gedruckt, also zu einer Zeit, in welcher die Verbindung Gutenbergs mit Fust noch nicht lange genug gelöst war, als dass ein so umfangreiches Werk durch Andere hätte vollendet werden können. Aber auch für den Druck A^1 kommen wir, wenn auch mit geringerer Sicherheit, auf Gutenberg zurück[1]. Fust

---

[1] Wenn Gutenberg und Fust während ihrer Verbindung ähnlich an dem gemeinsamen Werke arbeiteten, wie es früher in Strassburg die Geschäftsgenossen Gutenbergs thaten, was immer sie dort getrieben haben

und Schoeffer, an welche man in so früher Zeit am ehesten neben Gutenberg denken möchte, würden kaum die Typen der 36-zeiligen Bibel, wenn sie 1454 ihnen oder Einem von ihnen gehörten, an Pfister verkauft haben. Sie würden sich doch nicht selbst Koncurrenz haben schaffen wollen, die fern zu halten man schon sehr früh eifrig bedacht war, und finanziell scheinen sie den Verkauf nicht nöthig gehabt zu haben. Auch weist die 36-zeilige Bibel auf eine so frühe Zeit hin, dass mit Sicherheit nur Gutenberg in ihr als Drucker nachweisbar ist (s. I. Kapitel). Gutenberg selbst hatte pekuniär den Verkauf der älteren Typen doch erst dann nöthig und hat ihn wahrscheinlich auch erst dann vorgenommen, als durch das Ausscheiden Fustens aus der Genossenschaft die Geldquelle versiegte, welche seit 1450 durch mehrere Jahre sein Unternehmen gespeist hatte. Das Zerwürfniss zwischen Fust und Gutenberg scheint aber nicht sehr lange vor dem Ende von 1454 offen zu Tage getreten zu sein.

Zur Lösung dieses scheinbaren Widerspruches, dass A^1 ebenso wie A^2 aus Gutenbergs Werkstatt hervorgegangen zu sein scheinen und doch nach S. 64 ff. sicher fast ganz verschieden sind nach Typenart und Satz, bietet sich, so viel ich sehe, nur ein Ausweg. Wenn wir nämlich annehmen, dass Gutenberg den ersten Satz nebst den im Auftrag und auf Kosten des Auftraggebers hergestellten Formen der Texttypen eben dem Auftraggeber ausgehändigt hatte, dann aber, als er den zweiten Auftrag für den gleichen Brief erhielt[1], diesen durch einen andern

---

mögen, so ist sehr wohl erklärlich, dass der Wunsch und das Bedürfniss nach einem doppelten Typenapparat für die Herstellung von Bibeln, auch abgesehen von dem zu grossen Format der einen Typenart, sich geltend machte. Dabei blieb Gutenberg immerhin die leitende, Alles vorbereitende und zurichtende Person, nur für die Ausführung konnte eine Art Theilung der Arbeit eingetreten sein.

[1] Dass dem zweiten Auftraggeber die Typen und Formen des ersten Druckes nicht zugänglich waren, ist unter allen Umständen an-

Typenschneider und Setzer herstellen liess, so erledigen sich zugleich die Bedenken gegen die Annahme verschiedener Druckereien und finden die sehr wesentlichen Verschiedenheiten der beiden Drucke ihre ausreichende Erklärung. Mit wie grossem Apparat an Material und persönlicher Hülfe Gutenberg vom Jahre 1450 an arbeitete, wissen wir aus Z. 30 f. des Helmaspergerschen Instrumentes; auch erscheinen ebenda Z. 14 f. noch nach Fustens Trennung von Gutenberg als die ‚Diener und Knechte' des Letzteren zwei Personen, die später als Drucker sich bekannt gemacht haben (vergl. S. 27 Anm. 1). Und gerade im Schneiden der Typen, wobei es auf Formsicherheit und kalligraphische Anlage ankam, sowie in allem, was bei Handschriften der Thätigkeit berufsmässiger Schreiber zufiel, wird Gutenberg, der vor allem als konstruirender Techniker und Unternehmer im grossen Stile hervortritt, sich der Hülfe Anderer bedient haben. So ist es ja auch allein zu erklären, dass die Typen des späteren Catholicon (1460) einen von beiden Bibeln und den Ablassbriefen völlig verschiedenen Schnitt zeigen.

Als den Typenschneider und Setzer, durch welchen Gutenberg den ersten Druck des Briefes (A¹) ausführen liess, möchte ich vermuthungsweise den Peter Schoeffer ansehen. Typographisch überragt jener sicher den zweiten Druck (s. S. 67); die Gleichmässigkeit und Sicherheit der Buchstabenformen ist so, wie man sie von einem früheren Kalligraphen nur erwarten kann. — Spätestens gegen Ende des Jahres 1454 muss die Spaltung zwischen Gutenberg und Fust hervorgetreten sein. Wenn Letzterer nun alsbald nach Fertigstellung und Erscheinen des ersten Druckes unseres Ablassbriefes den Schoeffer, dem er schon früher näher getreten sein mag, fest und dauernd an sich zu ziehen und

zunehmen. Uebrigens scheint jener auch die Forderung eines etwas kleineren Formates und vielleicht einer anderen Anordnung der Zeilen 18—21 gestellt zu haben.

für seine neuen Pläne zu gewinnen wusste, so war Gutenberg natürlich, als der zweite Auftrag kam, in der Lage einem andern und zwar minder geschickten seiner Gehülfen die Arbeit übertragen zu müssen. Wer das gewesen sei, darüber wage ich nicht einmal eine Vermuthung zu äussern. Allein eine sorgfältige Vergleichung der Eigenthümlichkeiten der Typen und des Satzes kann uns die eine oder andere Möglichkeit an die Hand geben.

Auf diese Weise hat eine eingehende Prüfung und Würdigung der gedruckten Ablassbriefe von 1454 und 1455 gezeigt, dass für diese die Annahme verschiedener Druckereien zu Mainz keineswegs nothwendig ist, somit auch keine älter sein kann als die Gutenberg'sche. Ueber die eine mindestens seit 1450 von Gutenberg allein geleitete Druckerwerkstätte, welche wir aus dem Helmasperger'schen Instrument kennen lernen, für jene Zeit hinauszugehen, liegt somit auch von dieser Seite her kein Grund vor.

Nachtrag zu Seite 70.

Herr Dechant Kreisler aus Fritzlar hatte die grosse Güte mir mit Genehmigung des Kirchenvorstandes den der dortigen St. Petrikirche gehörigen Ablassbrief (oben A² No. 2) noch während des Druckes zu übersenden. Ich kann daher aus dem Original die Richtigkeit der Angaben des Herrn Dr. Arth. Wyss sowie die Echtheit des Exemplares bestättigen und hinzufügen, dass wie im Berliner Exemplare Z. 18 *Juxta* (nicht *iuxta*) steht (vergl. S. 78). Die üblichen Bemerkungen über den Aussteller des Briefes und das gezahlte Ablassgeld, die sonst auf dem untern Rande zu stehen pflegen, scheinen hier ehemals auf dem — jetzt lückenhaften — linken Rande gestanden zu haben. Bemerkenswerth ist, dass beide von mir eingesehenen Originale des Druckes A² (No. 2 und 3), so viel ich sehen konnte, auf der Rückseite des Registrirungsvermerkes (R¹ª) entbehren (vergl. S. 77). Vielleicht hängt dies mit einer besonderen Uebung der zweiten Ablassstelle zusammen.

Wort- und Sachregister.

Ablassbehörde benutzt d. neuerfundene BDK. S. 80. 81.
Ablassbrief v. 1480 (gedruckt v. Pet. Schoeffer) S. 38.
Ablassbriefe, gedruckte, von 1454/54 S. 26. 55. 56 ff.
   Zwei verschiedene Drucke S. 56 f. 63 ff. 79 ff.
   Aehnlichkeiten derselben S. 63.
   Zeitfolge derselben S. 64. 66 f.
   Verschiedene Auftraggeber S. 67 ff. 78 f.
   Probedrucke S. 58.
   Stehenbleiben d. Satzes S. 58 ff. 81. 82.
   Unbenutzte Exemplare S. 70. 72.
   Gefälschte Exemplare S. 57. 72 ff.
   Typographisch Bemerkenswerthes S. 80 f.
Alter der BDK. S. 28. 30. 40.

Bechtolff v. Hanau S. 13. 16. 27; vergl. S. 85.
Bibel, d. 36-zeilige und d. 42-zeilige, Gutenbergs Werk S. 83 f.
Bibel, d. 36-zeilige und d. 42-zeilige: ihre Typen in d. Ablassbriefen verwendet S. 57. 61. 63. 64. 67. 83 f.
Bibel, 42-zeilige: ein Exemplar in Göttingen S. 79.

Bindestriche am Ende d. Zeilen S. 59. 66.
Blades, William S. 8.
Bonne, Johannis S. 17. 27. 36.
Born (Borne), Johannes s. Fons. Johannes.
Buchdruck s. Druck v. Büchern.
Buchstabenverbindung in d. Gutenb. Ablassbriefen S. 64.

Castellani, C. S. 8.
Cöln zweite Stadt, in der gedruckt wird (?) S. 82 f.
Cölner Erzdiözese ein besonderes Absatzgebiet f. d. Ablassbriefe S. 67 ff. 82.
Culemann'sche Sammlung in Hannover: Gutenb. Ablassbriefe S. 70. 72 ff.

Discurs v. Ursprung d. Druckerei usw.: Verfasser S. 2 f.
Donat, 35-zeiliger S. 39.
Druck v. Büchern Zweck d. Verbindung Gutenbergs mit Fust S. 22 ff.

Falk, Dr. S. 38.
Faulmann, Karl S. 8.
Faust v. Aschaffenburg, Maximilian, vermuthlich Verfasser des Discurses v. Ursprung d. Druckerei S. 2.
Fichet, Guill.: Brief an Rob. Gaguin v. 1. Jan. 1472 S. 41 f.

Fons, Johannes S. 27. 42.
Forderung Fustens an Gutenberg: ihre Höhe S. 30 ff.
Fritzlarer Exemplar e. Gutenb. Ablassbriefes S. 70. 75. 86.
Fröhner, Wilh. S. 47. 54.
Fuest = Fust S. 20.
Fust, Christine S. 37.
Fust, Jakob S. 12. 17.
Fust, Johann:
  Betheiligung am Drucken S. 30. 83 f.
  Drucker d. Ablassbriefe (?) S. 57. 83 f.
  Prozess gegen Gutenberg: s. Prozess d. Joh. Fust.
Fust, Margaretha S. 37.

Geräthe Gutenbergs S. 23. 24. 25 ff.
Gerichtsverhandlung im Prozess Fustens gegen Gutenberg S. 21 f. 31.
Gezuge s. Geräthe.
Girnssheim, Peter s. Schoeffer, Peter v. Girnsheim.
Glauburg, Joh. Ad. von S. 6.
Granss, Peter S. 17. 37.
Gröber, Gustav S. 50.
Güntheri, Heinrich S 13. 16.
Gutenberg, Johann, Erfinder d. BDK. S. 41 ff.
  Verbindung mit Fust: ihr Anfang S. 21 f. 30 ff.
  Verbindung mit Fust: ihr Gegenstand S. 22 ff.
  er allein d. Techniker S. 25 f.
  Lösung d. Verbindung S. 29. 30. 84. 85.
  Prozess mit Fust s. Prozess d. Joh. Fust.
  Denkmünze S. 9.

Hannover s. Culemann'sche Sammlung.
Heinemann, O. von S. 69. 70. 71. 78.
Heinrich Guntheri s. Güntheri, Heinrich.
Heinrich Keffer s. Keffer, Heinrich.
Helmasperger, Ulrich S. 17. 18.
Helmasperger'sches Notariatsinstrument S. 1 ff.
  Bisherige Veröffentlichungen S. 1 ff. 7.
  Aeltere Erwähnungen S. 4 f.
  Original erwähnt S. 1. 3. 4. 5 ff.
  Echtheit bezweifelt S. 7 f.
  v. Senckenbergs Exemplar S. 1. 5 f.
  Köhlers Exemplar S. 6 f. 9 f.
  Göttinger Exemplar S. 9 ff.; vergl. S. 6.
  Text S. 11 ff.
  Erklärung S. 19 ff.
Hessels, J. H. S. 2. 3. 5. 7. 8. 19. 38. 39. 58. 59. 60. 68. 69. 70. 71. 72. 82.

Jenson, Nicolaus: Sendung nach Mainz S. 44 ff.
  Zeit derselben S. 52 ff.
  An d. Münze von Paris oder Tours S. 54.
  Erster Drucker in Frankreich (?) S. 52.

Interpunktionszeichen in d. Gutenb. Ablassbriefen S. 65 f.
I-Zeichen d. frühesten Drucke S. 60. 61. 64 f.

Kapitalbuchstaben s. Versalbuchstaben, gedruckte.

Kapp, Friedrich S. 8.
Karl VII v. Frankreich s. Ordonnanz Karls VII.
Keffer, Heinrich S. 13. (16.) 27; vergl. S. 85.
Kist, Johann S. 17.
Kunoff, Johann S. 17.
Kursiver Textdruck S. 80.

Linde, Antonius v. d. S. 5. 7. 9. 27. 32. 47. 57. 59. 63 f.
Ludwig XI v. Frankreich: Sendung Nic. Jensons nach Mainz (?) S. 45 ff. 53. 54 f.

Madden, J. P. A. S. 42. 46 f. 48.
Mainzer Erzdiözese Ausgabegebiet f. Ablassbriefe S. 67 ff.

Notariatsinstrument, Helmasperger'sches
s. Helmasperger'sches Notariatsinstrument.
Notarielle Verhandlung vom 6. Nov. 1455:
Gegenstand S. 1. 20 f.
Zeit S. 21 f.
Zeugen S. 37.

Ordonnanz Karls VII von Frankreich v. 4. Okt. 1458 S. 44 ff.
Orthographie, französische, im 15. u. 16. Jahrh. S. 50 f.

Pergament: veränderliche Oberfläche S. 59 f.
Pertz, Georg Heinrich S. 68.
Peter (Schoeffer) v. Girnssheim s. Schoeffer, Peter v. Girnsheim.
Pfaff, Fridrich S. 42.
Pfister, Albrecht S. 56 f. 83 f.

Pfistertype S. 82.
Prozess d. Joh. Fust gegen Joh. Gutenberg S. 1 ff.
Nur d. 1. Artikel der Klage bekannt S. 20 f. 37.
Ausgang S. 37 ff.

R¹ª auf Ablassbriefen S. 74. 86.
Rechnungsablegung Gutenbergs Fust gegenüber S. 21 f. 24. 34. 35.
Rechtspruch i. Prozess Fust-Gutenberg S. 21 f. 33 ff.
Registre de Lautier S. 48.
Richter i. Prozess Fust-Gutenberg S. 33.

Schoeffer, Peter v. Girnsheim S. 17. 27. 36. 37. 42 ff. 57. 81. 85.
Schoene, Alfred S. 47.
Schräge Buchstaben S. 64.
Sieber, Ludwig S. 42.

Typen d. Textes der Gutenb. Ablassbriefe S. 81 f.
Typen d. 42-zeiligen Bibel i. Besitz Schoeffers S. 37 ff.

Urtheilspruch i. Prozess Fust-Gutenberg
s. Rechtspruch.

Versalbuchstabe d. 30-zeiligen Ablassbriefes später wieder gebraucht S. 38.
Versalbuchstaben, erste gedruckte S. 81.

Werk d. Bücher S. 28 ff. 33. 39.
Wolfenbütteler Exemplar e. Gutenb. Ablassbriefes S. 71 f. 78.
Wyss, Arthur S. 23. 41. 43. 69. 70.

DZIATZKO, BEITRAGE ZUR GLR 1455.

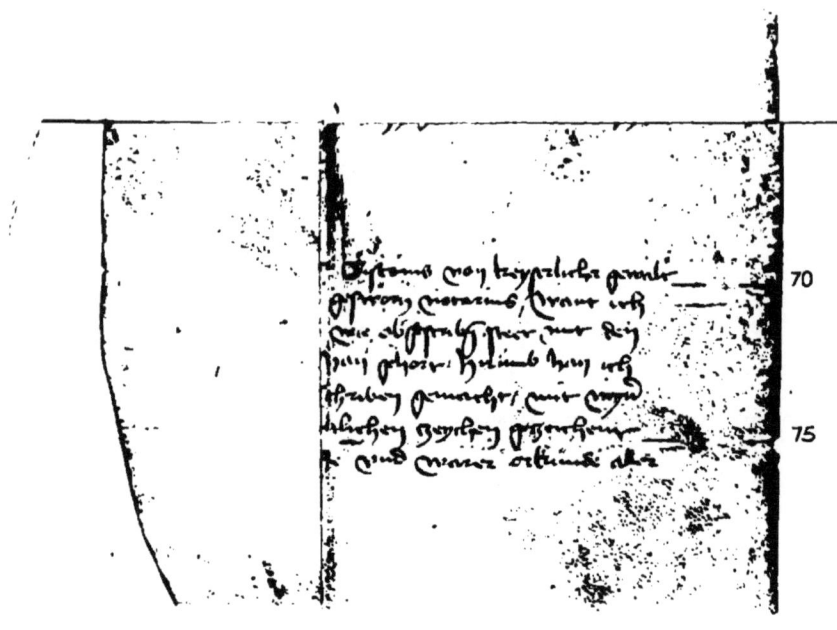

VERLAG VON A. ASHER   PHOTOGR. DRUCK VON H S HERMANN, BERLIN SW.